我国服务外包产业集聚效应的实证研究

申 朴 刘康兵 著

中国财经出版传媒集团

经济科学出版社

Economic Science Press

图书在版编目（CIP）数据

我国服务外包产业集聚效应的实证研究/申朴，刘康兵著.
—北京：经济科学出版社，2020. 10
ISBN 978 – 7 – 5218 – 1758 – 4

Ⅰ. ①我…　Ⅱ. ①申…②刘…　Ⅲ. ①服务业 – 对外承包 –
产业发展 – 研究 – 中国　Ⅳ. ①F726. 9

中国版本图书馆 CIP 数据核字（2020）第 137876 号

责任编辑：周国强
责任校对：王苗苗
责任印制：李　鹏

我国服务外包产业集聚效应的实证研究

申　朴　刘康兵　著

经济科学出版社出版、发行　新华书店经销

社址：北京市海淀区阜成路甲 28 号　邮编：100142

总编部电话：010 – 88191217　发行部电话：010 – 88191522

网址：www. esp. com. cn

电子邮箱：esp@ esp. com. cn

天猫网店：经济科学出版社旗舰店

网址：http: //jjkxcbs. tmall. com

固安华明印业有限公司印装

710 × 1000　16 开　11 印张　200000 字

2020 年 10 月第 1 版　2020 年 10 月第 1 次印刷

ISBN 978 – 7 – 5218 – 1758 – 4　定价：68. 00 元

（图书出现印装问题，本社负责调换。电话：010 – 88191510）

（版权所有　侵权必究　打击盗版　举报热线：010 – 88191661

QQ：2242791300　营销中心电话：010 – 88191537

电子邮箱：dbts@ esp. com. cn）

前　言

　　世界经济一体化，其实质是专业分工在国际范围内的不断深化和广化。这一过程也表现为企业在全球范围内配置外部专业化资源，从而使组织机构得到精简，不仅降低了运营成本，还提高了生产经营的效率和核心竞争力，增强了企业在市场中的快速应变能力。服务外包就是上述过程的一个显著范例。作为高端的现代服务业，服务外包具有低污染、低能耗、高附加值的优势，被称为"绿色引擎"，因此积极承接服务外包，是我国在新一轮产业结构调整浪潮中以最低成本促进产业升级和经济增长方式转变的途径之一。

　　近年来随着以邻为壑的贸易冲突增加，尤其是针对中国高技术产品、光伏、钢铁、有色金属、化工、纺织等行业使用反倾销、反补贴、特殊保障、技术贸易措施等贸易保护主义手段，增加了中国商品出口的不确定性和风险。与此同时，我国服务外包出口一直保持着快速增长，推动了生产性服务业质和量的增长，对提升我国在世界产业价值链中的位置有重要意义，正逐渐成为我国新的外贸增长点。

　　我国高度重视服务外包产业的发展，"十一五"及"十二五"规划纲要、2006 年商务部

"千百十工程"及 2007 年国务院 7 号文件，都提出把承接国际服务外包作为扩大服务贸易的重点。其中，"十二五"规划纲要中曾特别提出"大力发展服务外包，建设若干服务外包基地"，目前已形成以 21 个服务外包示范城市为基础的长三角、珠三角及环渤海地区三大服务外包基地，表明我国服务外包产业已进入集群化发展阶段。

那么，我国服务外包产业集聚的实际经济效应如何？本书将基于生产率提高和贸易增长两个视角，通过实证方法考察建设服务外包示范城市和基地对我国服务外包发展的效应，从而回答上述问题。

全书结构如下：第 1 章导论。阐述服务外包基本概念及分类。第 2 章回顾相关基础文献。第 3 章以北京、上海、大连、苏州、杭州、深圳、西安 7 个服务外包示范城市为例，分析我国服务外包集聚发展的特征。第 4 章通过理论及实证模型，考察服务业空间集聚的机制及规律、服务外包集聚的劳动生产率效应；进而证明通过集聚优势创造比较优势的可能性。第 5 章的实证研究考察了我国服务外包集聚的贸易促进效应；并从接包国视角，分析了经济中影响服务外包贸易规模的重要环节及因素。第 6 章为结论。需要特别说明的是，本研究起始于 2013 年，因服务外包缺乏系统的统计数据库，只能从一些相关统计报告、媒体报道中获取零散的数据，而这些数据必须加以归类整理，才能形成研究所需的系统数据，因此本研究在收集数据、整理资料等基础工作上花费了大量的时间和精力；加之此后对我国服务外包基地发展的研究综述、对我国服务外包劳动生产率、贸易效应的建模和实证检验等工作，整个研究和成书时间持续了几年，因此书中相关数据统计区间仅截止到 2012年，恳请读者谅解。

目　录

第 1 章

导　论

外包（outsourcing），是 outside resource using 的简写，指依据商业协议，企业在控制自身核心生产的同时，依靠现代信息技术，将某项商品（包括中间投入品）或服务的持续管理、开发、生产责任委托授权给第三者（外部专业服务商）执行，以达到降低成本、提高效率的一种整合生产方式。可以看出，外包必然是不同企业之间的购买行为，而企业内部（包括跨国公司）的购买行为则不视为外包。

根据标的类型，外包分为材料外包与服务外包。前者是把零部件制造及加工外包出去，或外包生产某种组装、总装产品，是制造过程外包；后者将生产中所需的服务性活动外包出去，是服务外包。具体而言，服务外包就是在资源稀缺的前提下，企业为了专注于核心产品生产，利用外部专业服务商的知识及劳动力，完成原来由企业内部实施的工作，从而达到降低成本、提高效率、提升企业对市场环境迅速应变的能力、并优化企业核心竞争力的一种生产模式。

1.1 服务外包分类

1.1.1 服务外包的业务类型

服务外包的业务内容可分为信息技术外包（information technology outsourcing，ITO）、业务流程外包（business process outsourcing，BPO）和知识流程外包（knowledge process outsourcing，KPO）。

ITO 由两类服务组成，即产品支持与专业服务，如向客户提供 IT 基础设施或企业应用服务，或者同时提供这两方面的服务，从而帮助客户更好地开展生产经营。BPO 则是一个经济组织把生产经营中的一个或多个 IT 密集型业务流程委托给某外部提供商，由其管理和控制选定的流程，如物流、采购、人力资源、财务会计、面向消费者的服务流程、客户关系管理或其他管理等。KPO 是将知识密集型的业务，或者那些需要先进的研究与分析技术、科学决策技能的流程交给第三方来执行的服务外包类型。三类服务外包具体的业务类型见表 1-1。

表 1-1　　　　　　　　　　　　服务外包的类型

外包类型	业务类型	业务内容
信息技术外包（ITO）	系统操作服务	银行数据、信用卡数据、各类保险数据、保险理赔数据、医疗/体检数据、税务数据、法律数据（包括信息）的处理及整合
	系统应用服务	信息工程及流程设计、管理信息系统服务、远程维护等
	基础技术服务	承接技术研发、软件开发设计、基础技术或基础管理平台整合或管理整合等
业务流程外包（BPO）	企业内部管理服务	为客户提供企业各类内部管理服务，包括后勤服务、人力资源服务、工资福利服务、会计服务、财务中心、数据中心及其他内部管理服务等
	企业业务运作服务	为客户提供技术研发服务、销售及批发服务、产品售后服务（售后电话指导、维修服务）及其他业务流程环节的服务等
	供应链管理服务	为客户提供采购、运输、仓库（库存）整体方案服务等

续表

外包类型	业务类型	业务内容
知识流程外包（KPO）	研究类	为客户提供市场研究、金融及保险研究，并提供商务智能，如分类市场研究、竞争策划、商业计划书起草、创新鉴定等
	分析类	为客户提供数据分析、财务分析、风险分析及数据挖掘等；数据管理、联合风险投资、咨询、采购投标分析、商业谈判、提供跨文化及语言服务，实施本地化等服务
	其他	为客户提供销售流程或者法律流程外包；工程及设计、动画、模拟化服务及决策支持系统等服务

资料来源：李志群，朱晓明. 中国服务外包发展报告（2007）［M］. 上海：上海交通大学出版社，2008；KPO 部分为作者增补内容。

ITO 和 BPO 的基础都是 IT 技术，但是 ITO 侧重于技术方面的服务，更多涉及生产经营过程中的成本和服务细节；BPO 则侧重于业务流程，往往用于解决与业务效果和运营效益有关的问题，涉及一些业务准则。因此，在外包过程中 BPO 与客户的接触交流是关键，双方更像商业伙伴关系。事实上，BPO 的每项业务都包含了 IT 业务的技术支持，从而创造了更多的 ITO。而 KPO 是 BPO 最高端的一个类别，它更加集中在那些需要高智能、高度复杂的流程上。这些流程要求某些特殊领域、行业或专业的精准、高级知识，因此需要有广泛教育背景和丰富工作经验的专家才能完成。与一般 BPO 相比，KPO 的中心任务是基于业务专长而非流程专长为客户创造价值。由此，KPO 将 BPO 乃至整个外包产业推向更高层次的发展。

1.1.2 基于地理关系的服务外包类型

服务外包具有服务需求与供给分离的特征。因此，服务承接商与发包商在地理上可以是远离的，根据国家界限，可分为离岸外包（包括近岸外包）和在岸外包。离岸服务外包在发展初期多以劳动密集型、重复性的业务为主，如数据录入、采购委托、销售代理等。随着市场不断成熟及技术进步，服务外包业务以更加密集的技术投入、更完整的流程外包为主。目前，离岸服务外包的业务主要包括三类：一是 IT（应用开发、编程、测试及网络支持）；二是客户关系（呼叫中心、客户支持及销售）；三是运营服务（金融及会计、数据处理和管理、项目管理）。①

1.1.3 其他分类

目前也有根据 WTO《服务贸易总协定》对服务的分类，即商务服务、通信服务、建筑和相关工程服务、分销服务、教育服务、环境服务、金融服务、健康服务、旅游服务、娱乐文化和体育服务、运输服务、其他服务等 12 个部门，对服务外包进行的分类。此外，根据服务外包的动机，还可分为策略性外包、战略性外包和改造性外包；根据服务外包的形式，分为产品或组件外包及服务项目外包；根据服务外包转包层数分为单级外包和多级外包；根据服务外包承包商数量又可分为一对一外包和一对多外包；等等。②

1.2 ITO 和 BPO

1.2.1 ITO 技术合同类型

我们可以把 ITO 的技术合同类型归纳如表 1 - 2 所示。

表 1 - 2 ITO 的技术合同类型

ITO 技术合同类型	操作内容	合同特征
数据中心外包	涉及与客户有关的运营管理服务。包括运营服务器/主机平台方面（包括分布式服务器与存储器在内）的日常管理职责	多年期或年金性的合同或关系
桌面外包	涉及与桌面资源（包括桌面外设）持续管理有关的产品支持与专业服务的任意组合（或全部组合），包括运营桌面/客户平台方面的日常管理职责	同上

---

① 武力超. 服务外包研究综述 [J]. 西安电子科技大学学报（社会科学版），2009（4）：1 - 11.
② 服务外包知识 [EB/OL].（2010 - 10 - 23）. http://wenku.baidu.com/link? url = LmBnBk-ZLAiwnsXFq50z2WqOGTA14TeBHRuj_jUSgVbzIpW9_qRYlzYwf7G9OnwietBejitgZuk - LkBcJDHp1FR3 - UByWdLmdyXVLf_jr5sW.

续表

ITO 技术合同类型	操作内容	合同特征
网络外包	涉及企业网络与公共网络包括管理、强化、维护及支持终端，以及在核心网络基础设施、企业电信资产（包括固话与无线）等方面对持续性网络或电信管理服务的购买事宜	包括长期与非长期合同
企业应用外包	涉及在服务器/主机或桌面平台中管理、强化及维护定制应用或打包应用软件方面对持续性应用服务的购买事宜	多年期或年金性的合同或关系（除应用管理服务外）

资料来源：根据高德纳咨询公司（Gartner）相关资料整理。

表 1-2 中的数据中心外包合同，涉及与客户有关的运营管理服务。当问题围绕计算硬件、基础设施软件或操作系统软件级时，可包括"帮助台管理"服务在内；当问题围绕基础设施软件或操作系统软件时，可包括"应用管理"服务在内。外包商或企业客户提供并使用信息管理软件与系统管理工具，在客户地点或非现场提供这些服务，IT 资产由客户、外部服务承接方（external services provides，ESP）或由第三方所有，合同包括向 ESP 转移客户、员工、IT 资产与设施等。[①]

桌面外包，也涉及客户有关的运营管理服务。桌面系统包括任何一种客户系统（包括笔记本在内），以及远程员工的客户系统，如远程工作与员工移动。[②] 合同中提供服务地点、IT 资产所有，及客户、员工等的转移与数据中心外包相同。

网络外包，包括企业网络外包与公共网络外包。企业网络外包不包括离散的、基于项目的专业服务或员工增加服务。在公共网络外包方面，包括与电信公司网络有关的服务，以及与业务及运营支持系统有关的服务，其中内部的 ITO 不在考虑之列，并且与公共网络设施及物流规划有关的服务也不在考虑之列（如土地获取）。同样，离散的、基于项目的专业服务或员工增加服务（通常被称为工程师供应）也不包括在公共网络外包当中。除了网络或电信管理以外，不包括长期合同，例如咨询/顾问服务、网络应用开发与集

---

①②　洪刚. 如何来定义外包［J］. 每周电脑报，2007（26）：36-38.

成、网络基础设施部署以及基础设施支持服务等。①

企业应用外包除了应用管理服务以外，不包括长期合同，如咨询（顾问）服务、应用开发、集成、部署与支持服务等。合同中提供服务地点、IT资产与设施，客户及员工等的转移与数据中心外包相同。②

1.2.2　BPO 业务类型

BPO 的业务类型具体归纳如表 1 – 3 所示。

表 1 – 3　　　　　　　　　　　　BPO 的业务类型

BPO 业务类型	业务组成	业务内容
需求管理	客户选择	由细分市场（潜在客户）的数据使用与分析、活动设计以及通信规划等组成
	客户获取	包括销售机会管理与现场销售自动化等
	客户保留	包括电话销售、电话营销、网络销售与营销、自助柜台、查询处理（问题解决）、现场服务自动化等
	客户扩展	包括客户数据分析、追加销售（交叉销售）、其他营销、市场推广与客户维护流程等
供应管理	购买流程	包括直接采购与间接采购
	存储流程	包括仓储/库存管理
	移动流程	包括物流与运输（国内与国际）、分销、供应链规划以及其他供应链管理流程等
企业服务	人力资源	包括薪资管理、在线津贴登记、健康与福利津贴管理、退休户口管理、灵活的支出账户、行政、招募、背景核查、教育与培训、临时性工作人员管理以及其他人力资源流程等

---

① 洪刚. 如何来定义外包 [J]. 每周电脑报，2007（26）：36 – 38.

② IT 外包服务项目 [EB/OL]. (2011 – 08 – 18). http：//wenku. baidu. com/link？url = b – Vz 2a8O23p88lyBuM – scxp_xDjrbUudQv3oTQMTPNxqyR3LLuXJaB – TRk9e9pNM8IN14NZ6sD9StX6nald_QR VmvY4YKsApbH2PIPok7cW.

续表

BPO 业务类型	业务组成	业务内容
企业服务	财务与会计	包括应付账（包括出差与开支）、应收账、记账、总分类账、税务管理、金库与现金管理、管理会计、电子支付（如信用卡或自动票据交换所）、"暂记"账户余额的核对、收益分析、预备资产清单、风险分析以及其他财务与会计等
	支付服务	包括支票、EDI（电子数据交换）、企业与公司信用卡、信用证、自动票据交换所、电子发票与支付以及保险
	行政管理	包括文档管理、资产管理、房地产管理以及其他管理
运营	金融服务	包括核心银行业（包括客户信息、活期存款与储蓄账户、存款单据与贷款等）、抵押银行业（贷款发起与处理）、汽车融资（汽车租赁与租借）、现金管理、信用卡发放（信用卡商户数据处理、零售企业与公司信用卡发放与处理）、自动票据交换所/电子转账、电子发票提交与支付、支票处理与成像、电子支票、"例外"处理与自动化、贸易服务（货物与生意保险）、互联网银行业、互联网租借、信托（退休与保管计划信托及管理服务）、投资与贸易、投资组合管理（保险）、养老金管理（保险）、索赔处理（保险）、主要商业应用（保险）、保单受理（保险）、保单服务与管理（保险）、保险精算（保险）、所有的数据处理（保险）以及数据仓储（保险）等
	政务与教育	包括资格认证（政务）、指纹确认（政务）、票证收集（政务）、预订管理（政务）、签证处理（政务）、学生注册（教育）以及电子培训等
	制造业务	包括与生命科学有关的染色体、目标识别、目标确认、潜在销售机会开拓、潜在销售机会优化管理、生物识别、临床试验、营销后临床试验、临床试验供应链、监管文档提交、确认等，以及其他研究、开发与工程，及质量控制等
	零售、批发与运输	包括零售推销、运输的预订管理以及席位分配
	卫生保健	包括病人数据管理、病历、医药编码以及病人呼叫中心等
	通信与公共事业	包括通信计费、公共事业计费、探察（如果需要还包括勘察与评估）、开发流程（项目规划与开发物流）、弃置流程（环境合规与现场补救）、建筑流程（贮存建模/损耗规划、生产管理、生产共享、恢复规划与管理）、环境健康与安全（如危险货物管理、工业卫生与安全性）、职业健康流程、安装服务流程［如计量器阅读确认、工作分配（时间安排）与订单处理］、能源资本管理流程（如负载简介、交易捕获管理、预测、结算以及财务风险管理等）

资料来源：根据高德纳咨询公司（Gartner）资料整理编制。

| 第2章 |

基础研究回顾

跨国服务外包的兴起为理论界提出了新的研究课题。其中，首要的问题是：服务外包为什么会产生？许多研究基于成本节约和效率提高讨论这个问题，其实质就是讨论外包带来的经济利益。事实上，这些研究也一并回答了关于外包影响的问题。曼恩（Mann，2004）、卡默尔和尼古拉森（Carmel and Nicholson，2005）的研究表明，外包能够帮助企业降低成本、提高收益、集中发展核心业务，以及更好地应对消费者的需求；阿米蒂和魏（Amiti and Wei，2009）、法雷尔（Farrell，2005）的研究则发现，外包能够促进发展中国家就业增长、工资水平提高，而对发达国家就业的消极影响很小，且对其整体经济有益。但也有相反意见，安斯贝里（Ansberry，2003a，2003b）认为，将一些业务发包给工资水平相对较低的发展中国家，会降低发达国家的劳动力需求，导致发包国工资水平下降，就业机会减少，工作稳定性降低以及现有工人的福利水平下降。我国学者也贡献了大量有价值的研究，卢锋（2007a，2007b）基于"产品内分工"的视角较系统地研究了服务领域的外包，解释了服务外包发生机制和兴起的经济根源。

本章将就服务外包及集聚等方面的相关研究进行回顾，这些卓有成效的研究是本书的研究基础。

2.1 关于外包的组织机制研究

2.1.1 基于产权视角

科斯（Coase，1937）首次通过市场交易成本与企业内部成本的比较来确定企业的边界。这意味着当市场交易成本低于企业从市场购买的成本时，外包出现，企业边界就会缩小。威廉姆斯（Williamson，1975）对三方规制及双边规制这两种介于市场和企业间的组织形式等进行了开创性的研究。格罗斯曼和哈特（Grossman and Hart，1985）研究了单一生产商与多个潜在供应商的选择问题。安特拉斯（Antras，2005）基于企业边界的产权理论，运用要素禀赋理论分析了跨国公司中间投入品的贸易类型，认为中间投入品的资本密集度越高，垂直一体化程度也越高；而中间投入品如果是劳动密集的，则采用外包形式。安特拉斯和海尔普曼（Antras and Helpman，2008）的研究发现运输成本的降低及更低的南方工资，会使北方的垂直一体化行为转向南方；当南方交易成本进一步降低时，则会增加北方在南方的外包行为。阿拉赫邦等（Alaghehband et al.，2011）对运用交易成本理论（TCT）研究 IT 外包的实证文献进行了系统的评估，以考察为什么这些文献会产生互相矛盾的结论（某些研究的结论与 TCT 理论的预测一致，而另一些研究的结论与其预测恰好相反），认为原因是现有文献或者没有将 TCT 的所有概念纳入其分析模型（如忽略交易的频率、行为的不确定性等），或者没有考虑这些概念间的交互影响（如资产专用性与交易频率的交互关系、资产专用性与不确定性的关系等），抑或没有考虑 TCT 的规范性质（normative nature）。拉斯提等（Lacity et al.，2011）也进行了类似的研究，他们评述了 73 篇运用交易成本理论考察 ITO 的实证文献，其中仅有 49% 的文献支持 TCT 的逻辑，这说明 ITO 现象的复杂程度远超出 TCT 的解释力，需要建立专门的理论模型以内生化 ITO，而不是依赖现有的 TCT 进行实证分析，他们还对建立内生的 ITO 理论的假设和理论框架提供了许多有价值的洞见。

国内方面，刘征驰、赖明勇（2010）认为由于服务外包是介于市场和企业之间的中间组织形态，因此在人力资本密集型的服务交易治理中独具优势。他们基于"进入权"和"声誉"两种治理机制，构建了静态和动态的服务外包组织治理模型，证明与市场及企业组织相比，基于进入权治理的服务外包能够在静态模型中达到次优激励效果；而在引入不对称信息和声誉机制的动态模型中，服务外包则可达到社会最优的专用性人力资本投资激励水平。

2.1.2 基于委托 – 代理理论与不完全合约理论

阿尔钦和德莫塞茨（Alchain and Demesetz，1972）指出现代社会经济生产的特点是专业化生产分工与协作。分工的细化使企业将某些内部职能向外转移至专业化组织来承担，从而提高了企业的专业化程度及生产效率。但同时也带来了在信息不对称的前提下，委托与代理方的目标及利益相容的问题，这个问题促使双方设计更合理的激励机制及合约。格罗斯曼和海尔普（Grossman and Helpman，2002）对某厂商而言，如果另一家厂商的投资决策对其很重要，这家厂商的最优决策就是一体化；而当这个投资决策的重要性只在某一程度上时，那么非一体化形式则是理性选择。他们在 2005 年基于委托 – 代理理论，对垂直一体化与国际外包这两种组织形式进行了比较，发现在垂直一体化企业内，一些关键性任务的执行能被完全地监督；但在外包组织形式中，代理者是独立的缔约方，代理方承担的关键性任务的执行不能被监督。因此外包涉及不完全合约下的激励有效性问题。但由于受包方将承担一部分成本，因此企业决策时将权衡垂直一体化与外包中的成本与效率。芬斯特拉和汉森（Feenstra and Hanson，2005）将合约模型与国际贸易一般均衡模型结合起来，解释在垄断竞争市场结构下，企业如何选择垂直一体化与国际外包这两种重要的组织形式，及外包中委托方（发包方）与代理方（受包方）在不完全合约下的激励有效性问题。安特拉斯（Antras，2005）研究了中间投入品是高技术产品时，基于不完全合约及动态均衡贸易模型，分析了产品生命周期对国际外包的影响。认为由于高技术投入品的重要性，且合约的不完全性质，将使产品最初在合约执行效率高的北方生产，低技术产品则转移到南方生产以利用要素优势，并且最初是通过外国直接投资（FDI）在企业内部转移，之后又出现外包方式。

一般而言，企业对中间投入品的生产契约选择包括几类：行为契约和结构契约。行为契约下的选择又包括：第一，国内纵向一体化，即中间投入品在国内生产；第二，国际纵向一体化，即通过 FDI 及公司内贸易在国外生产。结构契约的选择则是购买其他企业生产的同类产品，即通过外包实现中间投入品的生产，包括在岸外包和离岸外包。20 世纪 90 年代后，跨国公司的契约选择已经不再是以 FDI 为主的行为契约，而是建立了以 FDI 与外包为核心的全球生产价值链。以离岸外包为核心的机构契约成为另一种优化方案。厂商不再包揽生产所有工序，而是把一些业务工序剥离出来外包给成本更低、更有效率的外国专业化厂商，从而实现了经济共赢及资源在全球范围内更有效配置。这种新的制度创新产生了帕累托改进，促进了全球经济共同繁荣。

2.2 服务外包的相关研究

2.2.1 服务外包与生产率的关系

企业如何根据生产率来决定是否选择服务外包方式实现局部生产？垂直一体化的固定成本往往高于外包成本，则生产率高的企业会选择垂直一体化，而生产率低的企业会选择外包。另外，生产率高的企业也更易成为受包方。芬斯特拉和斯宾塞（Feenstra and Spencer，2005）的研究表明，北方最终产品生产者可以选择在岸外包生产形式，此时生产率较高的北方供给者具有在特定关系投资时的效率优势，他们或者还可以通过 FDI 在南方更便宜的生产，或者依据南方供给者的生产率高低，与愿意承担特定关系投资的供给者签订合约，即离岸外包。

此外，一些文献考察了服务外包对生产率的影响，格尔克和汉利（Görg and Hanley，2005）、阿米蒂和魏（Amiti and Wei，2009）的研究表明，服务外包对生产率也有较强的正影响。伊藤等（Ito et al.，2011）基于日本企业层面的原始调查数据，计算了离岸外包和生产率之间的关系，结果发现那些工业外包和服务外包都参加的公司，其生产率会提高；那些只参加一种外包的公司，其生产率的变化不确定，这表明公司参与离岸外包的程度与生产率提高程度直接相关。开特（Kite，2012）基于印度的数据，从实证角度考察了 ITO 对生产率、产出和经济增长的影响，发现 ITO 对印度的产出和生产率有很强的正影响，且总体上对印度经济增长也有显著贡献。林和马（Lin and Ma，2012）基于韩国 1985～2001 年三位数的 ISIC 行业数据，分析了外包的劳动生产率效应，发现原材料外包对生产率有正的影响，由中国供给的那部分尤为重要；但是，在样本期间服务外包却未带来生产率的增长，当然此结论还需更多证据的检验。

国内学者也对这一问题进行了广泛深入的研究。徐毅和张二震（2008）基于我国 1997 年和 2002 年的投入产出表，对 35 个工业行业的外包比率进行了计算，并从实证角度考察了外包对全员劳动生产率、就业以及产出的影响，结果表明，当企业把那些原来由本企业内部生产的中间投入品外包出去时，本企业的劳动生产率将会得到提高。刘海云和唐玲（2009）基于同样的数据进行了研究，同时检验了原材料外包与服务外包对全员劳动生产率的影响，发现我国第二产业中的外包能够有效促进企业劳动生产率的提高，相比有形产品的外包，无形的服务外包对生产率影响程度更大；并且，那些技术要求高、开放程度较低以及大行业中，跨境外包对生产率的促进作用更为显著。姚战琪（2010）构建 CES 生产函数和 Translog 生产函数来讨论外包对生产率的影响，发现工业外包、服务外包和总体外包对工业生产率都具有显著的正向促进效应，在三种外包中，服务外包对生产率的促进效应最大，其次分别是总体外包和工业外包，所估计的总体外包对生产率增长的促进作用要小于徐毅和张二震（2008）的研究结果。姚博和魏玮（2013）结合外包形式的多元化发展现状，从 C-D 生产函数出发构造实证模型，采用 1998～2010 年 52 个国家的面板数据，分析了材料外包、服务外包等外包途径，以及承接初级品、零部件、资本品、加工品等不同生产工序的外包环节对生产率的作用。他们发现，对外发包对生产率的促进作用要远小于承接外包，服务外包对生产率的影响要显著小于材料外包，承接不同生产工序的外包对生产率的影响不同，其中承接加工品对生产率的正向效应最大，资本品次之，再次为零部件，初级产品最小。

2.2.2 市场密集度与外包频率

高市场密集度指市场上专业分工细化，企业数量与发展程度较充足和完善，使供应商能以较低的信息和市场交易成本找到合意的外部购买者，从而使外包成为一种优化的经济行为。国际贸易增加了企业的数量，使市场密集度更高，为外包发展提供了良好基础，而外包的发展又促进了专业化分工和企业数量，进一步增加了市场密集度。麦凯伦（McLaren，2000）证明，开放度对垂直一体化有很强的影响，开放程度越高，市场将变得越"厚"（thicker），导致垂直一体化的可能性变得更低，而企业选择外包的概率更高。格罗斯曼和海尔普曼（Grossman and Helpman，2005）基于垄断竞争市场结构下的贸易和生产的一般均衡模型，考察了最终产品生产商为其中间投入品搜寻供应商的外包决策问题。在这一分析框架中，市场密集度由零部件生产商数量决定，市场里中间品供应商数量越多，最终产品生产商在这一市场中搜寻越有利可图，同样，中间品供应商所要服务的最终产品生产商越多对前者越有利。研究证明一国外包业务的规模与该国中间品市场的密集度成正比，如果南方国家的劳动力供给增加，将会引致南方国家外包业务量的提升和北方国家的外包业务量的下降，南方国家在世界外包市场的份额、其贸易量在世界总收入中的比重以及产业内贸易在世界贸易总量中的份额都将提高。

2.2.3 服务外包与工资、就业的关系

巴格瓦蒂等（Bhagwati et al.，2004）认为，从根本上来说，服务外包仅是一种贸易现象，它会带来贸易得利，其对就业和工资的影响与传统的产品贸易并无质的差异；外包对就业岗位流失的总量影响几乎可以忽略不计。以美国为例，一方面，从服务买方来看，在过去五年中（2000～2004 年）美国仅有 2% 的失业源于进口竞争压力或一些公司将其生产经营活动转移至海外，而由服务外包引致的失业仅占这 2% 的极小部分，另一方面，从服务提供方来看，包括印度、菲律宾在内的几个主要服务外包承接国每年只有不到 10 万人从事为美国公司提供离岸服务外包的工作；尽管服务外包会减少某些企业或部门的工作职位，但有助于创造另一些高薪职位，因此服务外包不太可能

降低那些被替代的美国工人的总体工资水平。阿格拉瓦和法雷尔（Agrawal and Farrell，2003）指出，那些认为美国所有的或绝大多数工作会因服务外包转移至中国或印度的观点是错误的，美国大约有70%的工作岗位来自诸如零售、餐饮、酒店与旅馆、旅游等服务行业，这些行业要求客户与服务提供者在同一地点面对面地进行交易，因此这些服务岗位是不可能外包出去的。阿米蒂和魏（Amiti and Wei，2005）的研究表明，数据并不支持"服务外包会导致发达国家的工作职位大量流向发展中国家"这样的观点，基于英国78个行业的数据所进行的实证分析表明，行业水平的就业与服务外包不存在负相关关系，尽管美国450个行业的数据显示服务外包对就业有负的影响，但如果将这450个行业归并为96个行业时，这种负相关关系并不存在，说明服务外包并没有导致工作职位的净流失，工人在某个部门失去工作后，会在另一些新兴行业或部门就业。

安瓦尔等（Anwar et al.，2013）在一个包含产品多样性的框架中分析了技能密集型跨国服务外包对工资差距的影响，他们发现，在长期中，国际服务外包不仅可以直接影响熟练工人和非熟练工人的工资差距，而且还能通过影响生产性服务多样性的种类数目和资本回报而间接影响工资差距；在短期中，当生产性服务可贸易时，国际服务外包只能通过上述间接渠道影响工资差距。乔杜里（Chowdhury，2010）的研究表明，北方国家的技术进步通过提高熟练劳动力的劳动生产率导致熟练劳动力与非熟练劳动力的工资差距扩大，通过外包，这些先进技术又被北方国家发包企业外溢至南方国家的接包企业，进而扩大南方国家的熟练劳动力与非熟练劳动力的工资差距。另一些研究也支持或证实了上述观点（Chakrabarti and Mitra，2010；Chongvilaivan and Thangave-lu，2012）。

国内方面，蔡宏波等（2012）基于芬斯特拉和汉森（Feenstra and Han-son，1999）的估计方法，分行业分地区地考察了服务进口对我国制造业内部工资差距的影响，实证分析表明，服务行业的总体进口水平以及分行业中的传统服务业进口对我国制造业熟练劳动力与非熟练劳动力的工作差距有显著的正向影响，但现代服务业进口对工资差距不具有显著影响；从地区层面看，全国及东部、中西部地区的服务进口对工资差距都有十分显著的正效应，影响从大到小依次为中西部、全国、东部地区。刘瑶和孙浦阳（2012）基于特定要素模型分析了承接外包对熟练劳动和非熟练劳动相对工资的影响，他们证明，发展中国家承接低技术型外包会缩小熟练劳动力与非熟练劳动力的工资差距，而承接高技术外包则会扩大二者的差距，利用中国制造业行业模板数据进行的实证分析支持了理论模型结论。孙文杰（2014）从理论上证明，承接国际外包的水平会影响劳动密集型和资本密集型行业的平均工资水平，之后基于我国制造业行业的面板数据，从实证上表明承接国际外包通过资源重组、技术进步、劳动力技能需求升级等效应推动我国制造业行业工资水平不断上涨。并且，分行业的研究结果显示，我国竞争性行业技能工资差距受高技术外包的影响不显著，但这类外包对我国垄断性行业技能工资差距的影响显著；而服务外包对我国竞争性行业和垄断性行业技能工资差距的影响均不明显；承接服务外包对我国劳动力密集型行业的工资提升作用较大，承接制造业外包对资本密集型行业工资提升作用更明显。

2.2.4　服务外包国际竞争力及影响因素

2.2.4.1　国际竞争力理论及研究

（1）国际贸易理论。对国际竞争力的研究最早可以追溯到斯密的绝对优势理论和李嘉图的比较优势理论，以及之后的 H-O 理论。弗农（Vernon，1966）用产品生命周期理论解释国际贸易中比较优势的来源及其动态演化过程；巴拉萨（Balassa，1965，1989）则用一国某产业或产品在该国出口中所占的份额与世界贸易中该产业或产品占总贸易额的份额之比来衡量比较优势，称之为"显示性比较优势指数"；克鲁格曼（Krugman，1979，1980）指出，当技术和要素禀赋既定时，规模经济和不完全竞争能够给各国带来成本优势和国际竞争力。上述理论虽没有明确提出国际竞争力概念，却揭示了世界分工体系下国际竞争力的不同来源，成为国际竞争力理论的基础。

（2）区域经济理论。基于企业区位选择，集聚可以增强竞争优势（Weber，1909，1914）。

（3）创新理论。创新是产业演变、经济周期发生的根源，也是经济增长的主要源泉，能够提高企业和区域的国际竞争力（Schumpeter，1912，1947）；创新环境（Maillat，1998；Maskell，2001；Gregersen and Johnson，2001）和创新系统促进知识和要素交流，对国际竞争力影响重大（Cooke，2002）。

（4）国家竞争优势理论。需求条件、要素条件、企业的战略及结构、竞争和相关支持性产业等主要条件，以及政府和机遇两个辅助条件构成的"钻石模型"，可以解释企业集群和国家竞争优势的来源（Porter，1990，1998）。

关于国际竞争力评价体系，瑞士国际管理发展学院构建了 IMD 指标体系，认为国际竞争力是一国提供能够创造增加值和积累国民财富的环境的能力。国内学者的相关研究也侧重于国际竞争内涵及评价体系的实证研究（狄昂照，1992，1995；任若恩，1995，1996，1998；邹薇，1999；金碚，1997，2003，2006；裴长洪，2002；周星，2000；穆荣平等，2000；张金昌，2001，2002，2003）。许多学者利用进出口差额、进出口结构、贸易竞争力指数及显性比较优势指数等指标分析了我国服务贸易的国际竞争力，发现我国旅游业竞争力较强，而高技术服务部门不具有国际竞争力，但其中一些部门如计算机与信息服务、其他商业服务等的竞争力有增强的趋势（康承东，2001；程大中，2003；郑吉昌，2004；李怀政，2005；李晓钟、张小蒂，2004；沈明其，2004；殷凤，2007；蔡茂森、谭荣，2005；贺卫、伍星，2005）。

2.2.4.2 关于我国外包的影响因素研究

王爱虎和钟雨晨（2006）的研究表明经济增长率、城市化水平及地区工业化水平等是影响我国制造业吸引跨国外包的主要因素。还有一些研究基于我国服务外包中所存在问题，研究了其影响因素，例如，卢锋（2007a，2007b）认为侧重制造业发展的路径选择、人才资源缺乏、相关政策调整滞后等是我国承接国际服务外包中存在的问题；并提出税收优惠、培养人才、建立外包协会、鼓励大型跨国公司来华设立服务外包基地等对策。

许多学者将我国服务外包竞争力及其影响因素结合起来进行了大量实证研究。王根蓓（2010）从外部支持、基础设施、商务环境、人员素质和要素成本 5 个角度出发，构建外包竞争力的指标体系；并使用主成分分析法对 14 个服务外包基地城市 3 年内的综合与分项的竞争优势进行定量评估。赵晶（2011）基于中国 14 个服务外包基地城市的面板数据，就基地城市竞争力对离岸发包方的需求影响进行了研究。研究将外部支持因素、基础设施因素、商务环境因素、人力资源因素与成本因素作为一级指标构建服务外包城市竞争力评价体系。贺武和刘平（2011）运用全局主成分分析法，选取离岸服务外包出口额、当地 ITO 和 BPO 企业数量、CMM/CMMI（3 级以上）认证企业的数量、软件与信息服务业从业人数、互联网普及率、全市在校大学生数量、专利授权数、全市普通高校数量、航空运输客运量、实际利用外商投资金额、办公场地租赁费用、服务外包行业普通员工工资等 12 个指标构建服务外包承接能力评价体系。研究还运用该体系对 20 个示范城市的服务外包竞争力进行定量评估，发现服务外包企业综合竞争力因子、服务外包发展的经济环境因子和服务外包产业发展教育因子是 3 个最重要的影响因子。沈鹏熠和王昌林（2012）基于经济与产业发展能力、技术资源、政策支撑、市场竞争能力、人才资源、文化沟通与协作能力、运营和管理等 7 个方面的能力建立了中国企业承接离岸服务外包竞争力评价模型及其指标体系，并利用问卷调查资料进行了实证分析。张宇卓和殷国鹏（2013）通过基础商业环境、人力资源与技能和财务成本结构这三大类要素，基于云模型理论实现了定性概念定量表示之间的不确定性转换，解决了示范城市发展过程中存在的模糊性和随机性问题，并采用熵权系数法确定因素权重以减少传统权重确定方法带来的主观偏差，从而建立了基于云模型和熵权理论的服务外包示范城市承接优势综合评判模型。章宁（2013）选取 38 家样本企业对我国离岸服务外包行业进行了成熟度分析。基于对美离岸服务外包的 20 个影响因素，从宏观、中观和微观 3 个层次构建指标体系，并据此计算出印度的竞争力分值。黄娟（2013）选择了 2010 年我国 21 个服务外包示范城市的 16 个指标数据进行因子分析，得出服务外包城市经济发展因子，服务外包企业竞争优势因子和城市服务设施水平因子共 3 个公共因子。并对 21 个服务外包示范城市的外包竞争力做出综合评价。上述研究结合了我国实际情况，为我国服务产业和服务外包发展提供了有意义的理论和政策指导，在理论和实践方面都具有积极影响和参考价值。

此外，在服务外包的国际比较、政策等方面的探讨，包括：对中国和印度服务外包发展差异及原因进行比较分析（Qu and Brocklehurst，2003；尹翔硕、申朴，2005；张燕，2008）；或指出印度服务外包发展道路的不足（赵楠，2007）；或对外包政策进行国别分析（邬适融，2008），借鉴国外经验和教训。经过分析，许多研究提出通过政府扶持、利用技术外溢、培养人才增强承接能力（王喜庆，2005；刘重，2006；詹晓宁、邢后媛，2005；朱晓明等，2006；杨圣明，2006；谭力文等，2006；武阳，2007）；或者提出我国应建立生产性服务外包模式、服务外包集聚区模式和外资拉动模式（何骏，2008）。研究还表明，服务外包作为新的一体化生产经营方式，能够推动对我国服务贸易增长和产业结构优化升级，具有重要的战略意义（赖淑珠，2004；邹全胜、王莹，2006；徐建敏等，2006；王子先，2007；杨志琴、祖强，2007；王晓红，2007；江小涓，2008；等等）。

2.3 关于产业集聚的研究

2.3.1 制造业的集聚

关于产业集聚的研究最早可追溯至杜能（Thünen，1826）提出的"同心圆"农业区位理论。此后，马歇尔（Marshall，1891）阐述了基于空间外部经济和规模经济的产业集聚原因和效应，认为集聚能够产生技术溢出效应，提高企业生产率。韦伯（1929）从工业区位角度对产业集聚进行研究，首次提出"集聚经济"概念。韦伯对集聚经济的形成、分类和生产优势进行了详尽、系统的分析，认为"成本最小化"是导致集聚的根本原因和关键性的因素。克鲁格曼（Krugman，1991a）等开创了新经济地理学派，从理论上证明，规模报酬递增、运输成本和生产要素移动等导致集聚产生，从而企业得以共享劳动力市场，降低生产成本，获得更多优势；而通过产业集聚获得的外部规模经济则是一些国家获得生产、贸易及产业发展优势的决定性因素。近年来，产业集聚的经济效应得到更多的关注，成为近年来经济学领域的热门话题之一，其中，有许多研究考察了产业集聚与国际竞争力的关系问题。比如，波特（Porter，1990）指出一国具有国际优势的行业内部，其企业大多在地理上呈现出集中的趋势。之后，波特（1998）又系统地提出了新竞争经济学的企业集群理论，对产业集聚问题的研究视角集中在企业集群与企业竞争力之间的相关性，揭示了企业集群在企业区位选择中的重要性。当存在企业集群区域时，集聚因素成为首要考虑的区位因素。厉无畏和王慧敏（2002）指出，产业的集聚发展构成了当今世界产业发展的主旋律，而打造符合国际产业发展趋势的新型产业簇群，是提升我国产业国际竞争力的当务之急。朱钟棣和杨宝良（2003）认为，产业集聚可以使产业原本落后的国家超越最初在该行业有优势的国家，从而形成较强的国际竞争力，美国加州的葡萄酒业集聚就是一个典型的例子，如今，加州葡萄酒的国际竞争力甚至已超过具有"先天"优势的法国。杜凯和周勤（2008）、杜庆华（2010）、杨丹萍和毛江楠（2011）等利用中国相关制造业数据进行的实证分析证实产业集聚能够显著地提升行业的国际竞争力，促进相关产业的出口。

2.3.2　关于服务业集聚的研究

产业集聚并不仅仅局限于工业领域，随着世界产业结构调整，服务业集聚也日益受到关注。斯科特（Scott，1988）、克鲁格曼（Krugman，1991b）等研究了加利福尼亚、伦敦和东京的服务业集聚现状。

服务业集聚水平的测度是服务业集聚研究的核心环节。国内方面，程大中和黄雯（2005）运用区位熵、集中系数和空间基尼系数等指标对我国服务业集聚水平进行了测度；杨向阳和童馨乐（2009）以长三角地区服务业集聚为研究对象，采用区位熵、集中系数和空间基尼系数等指标，对 1978～2006 年间长三角地区服务业集聚的程度进行了估算。实证分析结果发现：长三角地区服务业表现出显著的集聚特征。陈立泰和张祖妞（2010）采用熵指数、H 指数以及空间基尼系数，从总体水平、区域视角和行业视角测度了我国服务业集聚水平。在此基础上，探讨了服务业集聚的影响因素。结果表明，对外开放水平、要素禀赋、人力资本、地理位置以及工业发展水平与服务业集聚水平正相关，且对外开放水平、要素禀赋对服务业集聚水平作用最显著；而政府干预能力则与服务业集聚水平负相关。

在研究服务业集聚现象的影响因素方面，美国学者小野（Ono，2001）通过研究发现产业集聚导致企业之间的竞争加剧，企业为了降低成本而选择服务外包，这是企业选择服务外包的主要原因。库玛（Kumar，2007）的研究发现网络的普及是导致 IT 产业集聚的重要影响因素，并且这种影响在乡村比在城市大。陈建军、陈国亮和黄洁（2009）通过对全国 222 个地级以上城市的截面数据进行实证分析发现知识密集度、信息技术水平、城市和政府规模对生产性服务业集聚有显著的影响。任英华、游万海和徐玲（2011）通过构建现代服务业集聚形成机理空间面板计量模型，在对我国 28 个省域相关数据实证研究后发现，交易费用与现代服务业集聚有显著的负相关性，知识溢出、规模经济、政府行为对现代服务业集聚促进作用显著。

在服务业集聚效应的研究方面，程大中和陈福炯（2005）、童馨乐等（2009）等证实服务业集聚对劳动生产率存在显著的正向影响；陈立泰和张祖妞（2010）的研究表明，服务业集聚与区域经济增长负相关，人力资本水平、城镇居民家庭平均每人可支配收入、服务业资本存量与区域经济增长正相关，政府干预经济的能力与区域经济增长负相关。吴海瑾（2011）认为服务业集聚区的规模效应、外部效应和创新效应正在引起城市的经济结构的变化、城市空间要素的优化以及城市功能的提升，从而推动城市的转型发展。

第 3 章

我国服务外包产业的集聚发展: 以主要示范城市为例*

3.1 我国服务外包集聚发展 及总体趋势

我国已先后颁布多项重要政策（见表 3 – 1），认定了北京、上海、天津等 21 个城市作为服务外包示范城市，旨在推动服务外包集群化发展，形成有利的空间集聚，有效利用生产要素，实现规模经济，提高劳动生产率，以集聚优势代替比较优势。

---

* 本章所述城市的服务外包数据及资料在统计年鉴或者统计数据库中难以获得，因此大部分数据及资料来源于相关网站信息，脚注部分注释了数据资料出处，但其中部分网站更新只显示最近 5 页动态新闻，则这类链接不能显示来源信息页，特此说明。

表 3 - 1　　　　　　中国支持服务外包集聚发展的主要政策文件

政策名称	文号
《商务部信息产业部关于开展"中国服务外包基地城市"认定工作有关问题的通知》	商资函〔2006〕102 号
《商务部关于实施服务外包"千百十工程"的通知》	商资发〔2006〕556 号
《商务部关于做好服务外包"千百十工程"企业认证和市场开拓有关工作的通知》	商资函〔2006〕110 号
《商务部关于做好服务外包"千百十工程"人才培训有关工作的通知》	商资函〔2006〕111 号
《商务部、中国进出口银行关于服务外包产业发展融资支持工作的指导意见》	商资发〔2008〕169 号
《人力资源和社会保障部、商务部关于服务外包企业实行特殊工时制度有关问题的通知》	人社部〔2009〕36 号
《海关总署商务部关于开展国际服务外包业务进口货物保税监管试点工作的通知》	署加函〔2009〕435 号
《关于支持服务外包示范城市国际通信发展的指导意见》	工信部电管〔2009〕107 号
《关于支持和鼓励服务外包企业海外并购的若干意见》	商合发〔2010〕358 号
《关于示范城市离岸服务外包业务免征营业税的通知》	财税〔2010〕64 号
《财政部、商务部关于做好 2010 年度支持承接国际服务外包业务发展资金管理工作的通知》	财企〔2010〕64 号

　　资料来源：根据中国服务外包网（http：//chinasourcing. mofcom. gov. cn）和各示范城市相关网站整理获得。

　　全国已形成四大产业集聚基地：一是以北京、大连为龙头，包括天津、济南的环渤海基地；二是长三角基地，以上海、杭州、南京为龙头，其他长三角城市为腹地；三是珠三角基地，以深圳、广州为龙头；四是中西部基地，由成都、武汉、西安等西部信息技术发达的城市为支柱。从全国整体形势看，则形成了以东部沿海城市为龙头，中西部城市快速发展的产业发展格局。

　　这些示范城市在政府推动和市场导向的合力下，主要的发展指标增幅均超过全国平均水平，对我国离岸服务外包合同执行总额的贡献度高达 95%。从 2009 ~ 2011 年，我国示范城市承接离岸服务外包累计合同金额从 309.5 亿美元增加到 796.5 亿美元，年均增长 60.42%；离岸合同执行金额从 149.1 亿美元增加到 503.5 亿美元，年均增长 83.76%，占全国总量均在 90% 以上。仅 2012 年 1~9 月示范城市承接国际（离岸）服务外包合同金额 258.9 亿美元、合同执行金额 191.3 亿美元，同比分别增长 33.5% 和 43%，占全国总量分别为 90.7% 和 90.3%。① 由此可见，我国的服务外包产业基本上集聚于 21 个示范城市，并在其区位优势、资金人力财力支持以及政策扶持等积极影响下，表现出明显的增长。以此为基础，我国服务外包业迅猛发展，总体趋势如下：

1. 我国服务外包业务总量增长迅速。

据商务部服务贸易司统计，2012 年我国共签订服务外包合同 144636 份，合同金额 612.8 亿美元，同比增长 37.0%，执行金额 465.7 亿美元，同比增长 43.8%。其中，承接国际服务外包合同金额 438.5 亿美元，同比增长 34.4%，执行金额 336.4 亿美元，同比增长 41.1%。② 图 3-1 为 2008~2012 年我国服务外包合同金额及增速。

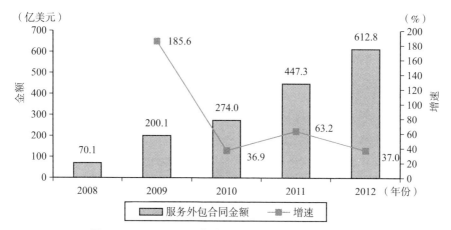

图 3-1 2008~2012 年我国服务外包合同金额及增速

注：图 3-1 至图 3-5 数据均从中国服务外包网新闻归纳获取，由于网站更新，服务外包动态新闻只显示最近 5 页。

资料来源：根据服务外包网相关新闻数据绘制而成。

---

① 商务部新闻办公室. 十六大以来商务成就综述之十四：服务外包取得飞跃发展 [N/OL]. (2012-11-08). http://www.mofcom.gov.cn/aarticle/ae/ai/201211/20121108424341.html.

② 参见商务部服务贸易司业务统计及商务部《服务外包研究动态》，2013 年。

2. 以信息技术外包为主。

2012 年，我国服务外包中信息技术外包（ITO）在全部服务外包中所占比重为 56.1%，业务流程外包（BPO）占比为 15.5%，知识流程外包（KPO）占到 28.4% 的比重（见图 3 - 2）。与 2011 年相比，ITO 下降 5 个百分点，BPO 提高 0.4 个百分点，KPO 提高 4.6 个百分点。并且，我国服务外包产业正逐步升级，已开始从产业链的中低端逐步向高端，如技术研发、生物医药研发、检验检测及工业设计等业务拓展。

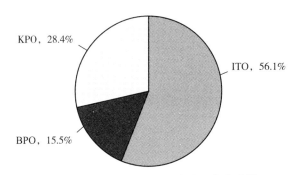

图 3 - 2　2012 年我国服务外包分业务占比情况

资料来源：根据中国服务外包网各年新闻数据摘录绘制。

3. 美欧日为主要发包市场。

我国主要承接美国、欧盟及日本的离岸服务外包，这三个市场占据了我国服务外包市场份额的前三名（见图 3 - 3）。

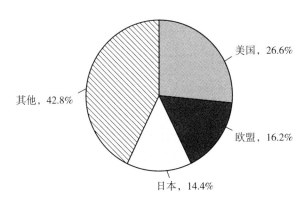

图 3 - 3　2012 年我国离岸服务外包市场分布情况

资料来源：根据中国服务外包网各年新闻数据摘录绘制。

　　根据 2012 年的统计，美国向我国发包的合同执行金额为 89.4 亿美元，占总执行金额的 26.6%；承接来自欧盟的服务外包合同执行金额为 54.6 亿美元，占比为 16.2%；而对日本的执行金额为 48.3 亿美元，占比为 14.4%。就具体城市的情况而言，以 2011 年为例，北京市离岸业务的 2/3 以上来自美国、日本和欧盟三大核心市场；上海服务外包前 5 位市场分别为美国、日本、瑞士、中国香港和法国，合计占其离岸市场的 73.3%。①

　　4. 我国服务外包不断吸纳更多就业。

　　从 2009 ~ 2012 年，全国服务外包企业的数量从 8950 家增加到 21159 家，年均增长 4070 家；累计从业人数从 154.7 万人增加到 428.9 万人，年均增长 91.4 万人。截至 2012 年底，服务外包从业人员中大学（含大专）以上学历 291 万人，占总数的 67.8%。② 图 3 - 4、图 3 - 5 分别为 2008 ~ 2012 年我国服务外包从业人员和企业的数量及增速。

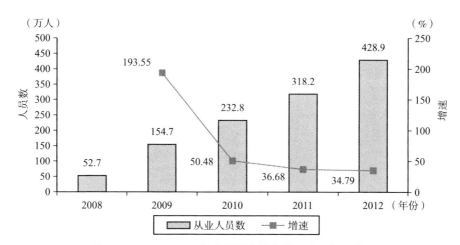

图 3 - 4　2008 ~ 2012 年我国服务外包从业人员数及增速

资料来源：根据中国服务外包网各年新闻数据摘录绘制。

---

　　① 商务部新闻办公室. 十六大以来商务成就综述之十四：服务外包取得飞跃发展 [N/OL]. (2012 - 11 - 08). http：//www. mofcom. gov. cn/article/ae/ai/201211/20121108424341. html.

　　② 商务部服务贸易和商贸服务业司. 中国服务外包示范城市综合评价结果 [N/OL]. (2014 - 10 - 09). http：//coi. mofcom. gov. cn/article/y/gnxw/201410/20141000753278. shtml.

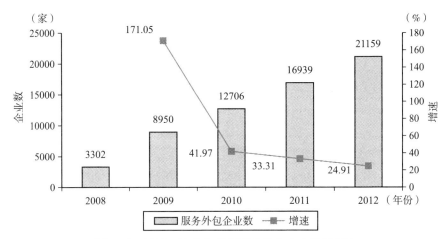

图 3 - 5　2008 ~ 2012 年我国服务外包企业数及增速

资料来源：根据中国服务外包网各年新闻数据摘录绘制。

随着中国服务外包企业整体素质的提升，获得相关资质认证的企业数量快速增长，企业专业化水平不断提升。商务部数据显示，截至 2011 年，我国有 4854 家服务外包企业通过各类服务外包相关资质的认证，占企业总数的 28.7%，合计认证数量达到 8321 个。其中，通过国际资质认证的企业达 2594 家，受政策资金扶持的 11 项国际资质认证总数达 3688 个。①

由中国服务外包研究中心主持的《中国服务外包研究中心 21 个示范城市服务外包企业问卷调查》显示，截至 2010 年 10 月，服务外包企业通过 ISO9001 认证的比例达到 45.7%（见图 3 - 6）；通过 CMM/CMMI 认证的企业占比达 33.9%，其中 CMM/CMMI 4 级、CMM/CMMI 5 级认证企业占比合计 16.3%（见图 3 - 7）；通过系统集成资质认证的企业占比达 15.0%，其中 3 级认证数量最多，占 58.3%（见图 3 - 8）。

---

① 商务部新闻办公室. 十六大以来商务成就综述之十四：服务外包取得飞跃发展［N/OL］.（2012 - 11 - 08）. http：//www. mofcom. gov. cn/aarticle/ae/ai/201211/20121108424341. html.

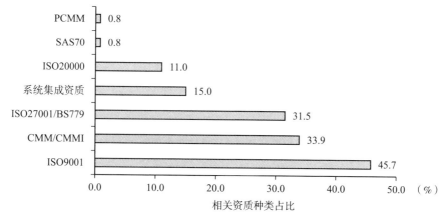

图 3 - 6　我国服务外包企业资质认证情况

注：截至 2010 年 10 月。

资料来源：中国服务外包研究中心《中国服务外包研究中心 21 个示范城市服务外包企业问卷调查》。

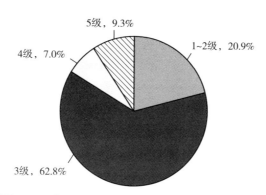

图 3 - 7　我国服务外包企业 CMM/CMMI 认证情况

注：截至 2010 年 10 月。

资料来源：中国服务外包研究中心《中国服务外包研究中心 21 个示范城市服务外包企业问卷调查》。

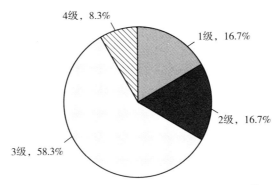

图 3 - 8　我国服务外包企业系统集成资质认证情况

注：截至 2010 年 10 月。
资料来源：中国服务外包研究中心《中国服务外包研究中心 21 个示范城市服务外包企业问卷调查》。

3.2　我国主要示范城市服务外包发展综述

本节将分别选取长三角、环渤海、珠三角以及中西部和东北地区具有代表性的一些服务外包产业园区及一些服务外包示范城市，从园区及城市的服务外包发展状况、竞争优势、资源特征、区位及环境优势方面等进行比较系统的分析和比较。

其中，北京和上海是中国服务外包的两大领头城市，在基础设施的完善、人才的供给、政府的效能、生活的便利性等多个方面，拥有很大优势。但作为一线城市，不可避免的是，这两大城市的商务成本均过于高昂，因此未来这两个城市的服务外包产业将倾向于向高附加值业务发展。

3.2.1　北京：打造"世界服务外包之都"

北京希望通过大力承接国际服务外包业务，以达到推动现代服务业快速发展的目的。在承接国际服务外包业务中，侧重满足跨国公司的离岸服务外包需求，为此，北京大力拓展欧盟、北美和日韩服务外包市场。在离岸服务外包业务中，北京注重开发位于价值链高端的外包项目，包括物流服务外包、软件与信息服务外包、生物医药外包、金融服务外包、商务服务外包、技术研发外包、设计创意外包、人力资源外包、财务管理外包等。北京充分发挥大量的高素质人力资本、国际化大都市、完善的配套设施等优势，积极提高承接服务外包企业的核心竞争力，将"世界服务外包之都"作为未来的发展目标。

3.2.1.1 北京市服务外包发展概况

1. 服务外包增长强劲。

自 2000 年以来，伴随着全球产业迅速转移，凭借市场、人才、设施、政策等方面综合优势，北京市服务外包产业一直保持着强劲增长势头，连续多年位居各省区市前列。2000～2011 年，北京市离岸服务外包规模扩大了 50 多倍，年复合增长率高达 43.9%。① 2012 年，北京市离岸服务外包继续保持强劲增长势头，根据商务部"服务外包及软件出口信息管理系统"统计数据显示，2012 年北京市共签订服务外包出口合同 5887 份，协议金额 44.1 亿美元，同比增长 10.0%。其中，离岸服务外包执行金额为 35.6 亿美元，同比增长 45.31%。② 详见图 3-9。

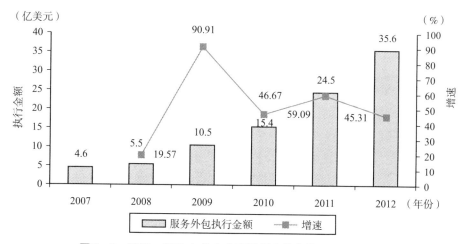

图 3-9　2007～2012 年北京市离岸服务外包执行金额与增速

资料来源：北京市服务外包企业协会. 2012 年北京服务外包发展简报 [EB/OL]. (2014-01-02). http://www.360doc.com/content/14/0102/21/7573052_342160215.shtml。

---

① 北京离岸服务外包规模 10 余年扩大 50 多倍 [N/OL]. (2012-11-27). http://www.bj.chinanews.com/news/2012/1127/26623.html.

② 商务部"服务外包及软件出口信息管理系统"统计数据。

2. 服务外包企业规模不断扩大。

从北京市的服务外包发展历程看，自 20 世纪 90 年代起，许多跨国公司进入中国市场，建立的第一批服务外包企业中，大批选择在北京实现软件的本地化。因此，北京市具有较坚实的服务外包基础。图 3 – 10 为 2001 ~ 2010 年北京市软件产业从业人员规模。

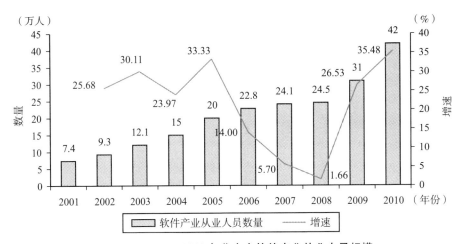

图 3 – 10 2001 ~ 2010 年北京市软件产业从业人员规模

资料来源：根据北京服务外包公共信息服务平台报道各年数据整理绘制，北京服务外包公共信息服务平台 – 北京服务外包企业协会. ［EB/OL］. http：// www. basscom. cn/contents/147/14053. html。

北京市服务外包企业的规模也不断壮大，到 2011 年底，北京市从事服务外包的企业，人员数达千人以上的有 17 家，其中有 3 家企业达到人员数过万。另外，北京市共计有 6 家企业入选中国十大服务外包领军企业。2000 年北京市通过年审的软件企业仅有 318 家，到 2009 年达到 2655 家，10 年时间增长达 8 倍之多，全部销售收入也从 44 亿多元达到接近 980 亿元，增长了 20 多倍（见图 3 – 11）。软件从业人员是北京服务外包产业从业人员的核心，软件从业人员总量 2001 ~ 2010 年间增长了近 6 倍，达到 42 万人。到 2012 年底，北京市累计从事服务外包企业 550 多家，比 2011 年新增 50 多家，服务外包从业人员 23 万多人，比 2011 年新增 2.1 万人，其中大学本科学历人员占新增就业人数的 70% 以上，服务外包吸引高端人才就业效果明显。

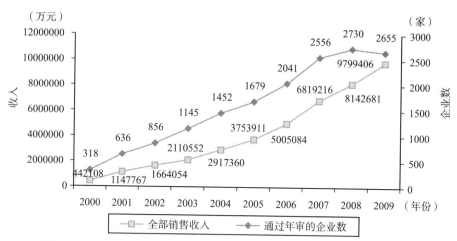

图3－11　2000～2009年北京市通过软件企业年审的企业数量及收入情况
资料来源：根据北京服务外包公共信息服务平台报道各年数据整理绘制。

3. ITO占主导，BPO增速快。

当前，信息技术外包（ITO）仍然是北京市服务外包业务结构中的支柱业务（见图3－12）。

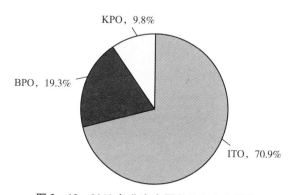

图3－12　2012年北京市服务外包业务结构
资料来源：根据北京服务外包公共信息服务平台报道数据整理绘制，北京服务外包公共信息服务平台－北京服务外包企业协会. 2012年北京市服务外包保持强劲增长［EB/OL］.（2013－01－25）.参见：http://www.basscom.cn/contents/147/14053.html。

2012年北京市ITO合同执行金额为25.2亿美元，同比增长40.4%，占执行总额的70.9%。BPO业务增长十分迅猛，2012年合同执行金额为6.8亿美元，同比增长达到 130.8%，占合同执行总额的 19.3%。KPO 业务合同执行金额为 3.5 亿美元，占合同执行总额的 9.8%。[①]

4. 来源地以美欧日为主。

美、日、欧三大国际市场是北京市服务外包主要来源地。其中，北京市承接最多的服务外包业务来自美国。据统计，2012 年美国向北京市服务外包发包金额为 12.6 亿美元，占到北京市全部国际服务外包业务总额的 35.5%。其次，2012 年北京从日本承接了 4.3 亿美元的服务外包业务，日本是其第二大发包国，其发包业务占北京市离岸服务外包业务总额的 12.1%。2012 年，向北京市服务外包发包增长最迅猛的国家是爱尔兰，业务发包额达到 4.1 亿美元，占比为 11.5%，居北京市承接离岸服务外包业务的第三大国。

图 3 - 13 是 2012 年 1~9 月北京市离岸服务外包的来源地分布情况。截至 2012 年底，占北京市离岸外包市场份额前十位的国家和地区依次为美国、日本、爱尔兰、芬兰、荷兰、新加坡、韩国、中国香港、英属维尔京群岛、德国，共占北京离岸服务外包业务总额的 92.9%。[②]

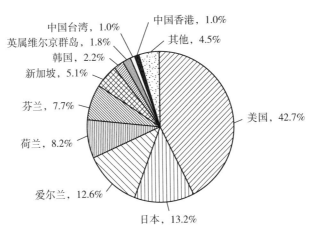

图 3 - 13　2012 年 1~9 月北京市离岸服务外包来源地分布

资料来源：转引自北京服务外包公共信息服务平台新闻中心报道，北京服务外包公共信息服务平台新闻中心 - 北京服务外包企业协会. http://www.basscom.cn/c/2012 - 10 - 22/1680.shtml。

①② 数据来自北京服务外包公共信息服务平台 - 北京服务外包企业协会. 2012 北京服务外包发展简报 [EB/OL].（2013 - 02 - 01）. http://www.basscom.cn/contents/147/14061.html.

5. 产业集聚优势和特色。

2010 年，北京市软件和信息服务业产业布局进一步优化，构成"一城两园多基地"的产业发展布局，即一个中关村科学城、中关村软件园和软件新园两个园区、多个专业基地。区域特色和集聚效应得到充分发挥，产业布局与城市功能定位相结合，形成全市共同发展软件和信息服务业的局面。

2010 年，服务外包示范园区的服务外包产业总额占全市服务外包总额的 86.8%，企业总数占全市的 90%，其中海淀区、朝阳区、昌平区、北京经济技术开发区产业比重分别达到 52%、27%、3.7%、3.8%。到 2012 年，北京 6 个服务外包示范区①的离岸服务外包直接额为 30.7 亿美元，占全市总额的 86.3%，示范区的服务外包企业数占全市总量的 88.4%。2010 年，北京通过"双软认定"的软件企业分布如图 3－14 所示。

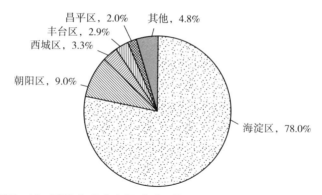

图 3－14　2010 年北京市通过"双软认定"的软件企业区域分布

资料来源：转引自北京服务外包公共信息服务平台新闻中心报道，北京服务外包公共信息服务平台新闻中心－北京服务外包企业协会. ［EB/OL］. （2012－10－22）. http：//www. basscom. cn/c/2012－10－22/1680. shtml.

北京市服务外包示范区在承接服务外包业务中侧重不同，各有特色，具体如表 3－2 所示。

---

① 包括海淀区、朝阳区、昌平区、北京经济技术开发区、大兴区和密云区。

表 3 - 2 　　　　　　　　北京市各服务外包示范区的特点及优势

北京市各服务 外包示范区	特点及优势
海淀区	海淀区的高新技术产业，尤其是软件产业基础良好，借助智力、技术、信息密集的优势，形成了以本土服务外包企业为特色的 ITO 集聚
朝阳区	集聚了很多跨国公司总部、研发中心、咨询服务机构和外资金融机构，形成了以跨国企业为特色的业务流程外包和高端研发外包集聚
昌平区	积极利用海淀区科技资源外溢的优势，打造"商务花园城市"，依托生命科学园和中软集团，形成了生物医药研发外包、软件和信息服务外包共同发展的格局
北京经济开发区	作为北京市唯一的国家级开发区，依托区内高科技企业的聚集，形成了以生物医药、软件开发等为主的服务外包业务集群
大兴区	大兴生物医药产业基地是近年新建的以生物医药研发、制造、销售、服务为一体的生物医药产业聚集区，区内已初步形成了生物医药研发、生产及服务外包企业的聚集
密云区	密云北京呼叫中心产业基地将以呼叫中心产业为切入点，着力于打造北京市数字与信息服务产业基地

资料来源：李劲. 发挥集聚优势，提升北京服务外包规模化、高端化、国际化水平［EB/OL］. 中国服务外包网，http：//chinasourcing. mofcom. gov. cn/ztfwwb10/320/74061. html。

3.2.1.2　北京服务外包发展条件

1. 现代交通与通信条件。

北京是我国最大、最重要的陆空交通枢纽城市，是我国国际交往和交流的核心城市。国际交流在服务外包中有着重要的作用，而现代国际旅客运输的主要方式——航空运输在服务外包交流中扮演着不可替代的角色。目前，在北京首都国际机场，有 78 家航空公司提供运输服务。包括境内的 15 家航空公司，国外和港澳台地区 63 家航空公司；国际境内航点分别为 172 个和 127 个。北京首都机场的航运实力在 2006 年跻身世界前十位后，2011 年客运量又比 2006 年又翻了近一番，达 6100 万人（见图 3 - 15）。

北京市拥有良好的通信基础，无线通信基础设施的建设也已经基本完善。目前由于其固话技术及服务网络已进入成熟阶段，已经缺乏市场新增空间，但个人移动电话用户长足增长，特别是在 2008 ~ 2011 的三年里，用户数一跃达到 2576 万户。从拨号上网、ISDN 到目前的 ADSL、有线电视网络，通信网络技术不断发展，宽带用户数量大大增加，以 2011 年为例，北京的互联网用户数达到 523 万户（见图 3 - 16）。现代化的通信技术、完善的通信设施为北京开拓服务外包新领域，增强服务外包接包实力提供了基础和优越的条件。

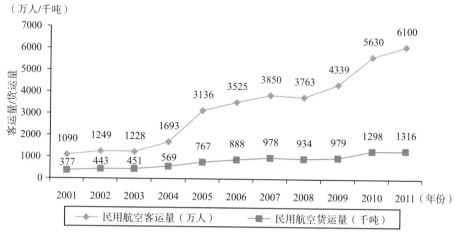

图 3 - 15 2001~2011 年北京市民用航空状况

资料来源：国研网数据库（http：//data. drcnet. com. cn）。

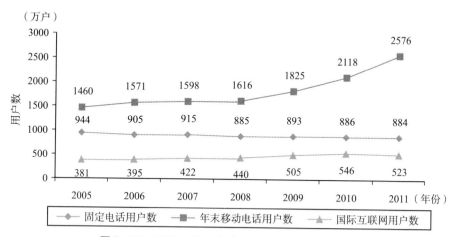

图 3 - 16 2005~2011 年北京市通信基础设施状况

资料来源：国研网数据库（http：//data. drcnet. com. cn）。

2. 专业人才供给基础。

北京是我国的首都，是我国的政治中心、经济中心，也是我国高校云集的教育文化中心。这里有中国最负盛名、历史最悠久的高等学府，有大批专业齐全、教学科研水平领先全国的各类高校共89所，其中包括清华大学、北京大学、中国人民大学、北京交通大学、中国传媒大学、北京外国语大学、对外经贸大学等一流学府。

从图3－17可以看出，北京市高校的数量是从2000的59所，发展到2011年的89所。据2011年的统计数据，北京市高等学校在校学生数达57.86万人。毫无疑问，北京市高校数量以及在校大学生的人数都居全国第一。各类高校培养了大批高素质的专业人才，其中软件人才供给充足，素质较高，在服务外包的人力资源的供给方面占据了较大优势。

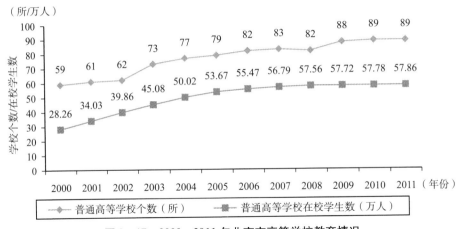

图3－17　2000～2011年北京市高等学校教育情况

资料来源：国研网数据库（http：//data. drcnet. com. cn）。

3. 知识产权保护基础。

北京市知识产权保护的法律环境不断完善，保护工作已见成效。单位企业新增国内外发明专利数量明显增多。2006年时，平均每6家软件企业新增一个国内外申请发明专利，到2010年，平均每1.5家软件企业便新增一个国内外申请发明专利。从申请发明专利数量上来看，也一直呈上升趋势，到2010年国内外申请发明专利数已达到2006年的三倍多。详见图3－18。

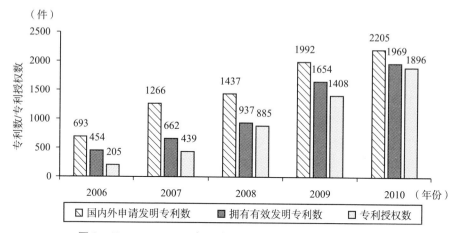

图3-18 2006～2010年北京市软件产业企业发明专利状况

资料来源：转引自北京服务外包公共信息服务平台新闻中心报道，北京服务外包公共信息服务平台新闻中心-北京服务外包企业协会．http：//www. basscom. cn/c/2012-10-22/1680. shtml。

4. 服务外包政策支持环境。

北京市高度重视服务外包产业的发展。2009年5月，北京市政府发布了《关于促进服务外包产业发展的若干意见》（简称《意见》），主要内容包括：第一，对技术先进型外包企业实行税收优惠政策；第二，对人才培养给予资金支持；第三，对拓展北京市服务外包领域的相关工作给予资金支持；第四，设立北京市服务外包产业发展配套资金；第五，进一步完善服务外包企业的外汇管理制度及通关模式等。① 该意见充分表明北京市政府从税收、人才、资金、出口等各个方面给予服务外包企业全方位的政策支持。

（1）税收优惠政策。为促进服务外包产业的发展，我国及北京市先后颁布了一系列与服务外包产业相关税收支持政策及措施，具体如表3-3所示。

---

① 北京市人民政府网站-服务贸易处. 北京市人民政府办公厅转发市商务委关于促进本市服务外包产业发展若干意见的通知（京政办发〔2009〕27号）〔A/OL〕. (2009-05-08). https：//wenku. baidu. com/view/b69c111ba1116c175f0e7cd184254b35eefd1a8d. html.

表3-3   北京市软件和信息服务业的税收支持政策

政策名称	政策内容摘要
《关于鼓励软件产业和集成电路产业发展有关税收政策问题的通知》	对经认定的软件生产企业,除国家规定不予免税的进口商品外,从2000年7月1日起,免征关税和进口增值税。自2000年6月24日起至2010年底以前,对销售其自行开发生产的软件产品,或将进口的软件进行本地化改造后对外销售的软件产品;按17%的法定税率征税后,其实际税负超过3%的部分,增值税实行即征即退
《关于2004年度对高新技术出口产品研发开发项目进行资助的通知》	高新技术出口产品研发项目的资助金额不超过项目研究开发总费用的10%,最高不超过100万元人民币
《关于进一步鼓励软件产业和集成电路产业发展税收政策的通知》	自2002年1月1日起至2010年底,对销售自产的集成电路产品(含单晶硅片),按17%的税率征收增值税后,对其增值税实际税负超过3%的部分实行即征即退政策,所退税款用于扩大再生产和研究开发集成电路产品
《关于企业技术创新有关企业所得税优惠政策的通知》	国务院批准的高新技术产业开发区内的高新技术企业,自获利年度起,免征企业所得税2年。减免税到期后,按15%的税率征收企业所得税
《北京市人民政府印发关于贯彻国务院鼓励软件产业和集成电路产业发展若干政策实施意见的通知》	对销售自行开发生产的软件产品,2010年前按17%的法定税率征收增值税,对实际税负超过3%的部分即征即退。所退税款用于企业研发和扩大再生产,不征收企业所得税。新创办的软件企业经认定后,自获利年度起,前两年免征企业所得税,第三年至第五年减半征收企业所得税。对国家规划布局内的重点软件企业,如当年未享受免税优惠的,减按10%的税率征收企业所得税

资料来源:根据相关新闻报道编制,北京服务外包公共信息服务平台新闻中心-北京服务外包企业协会. http://www.basscom.cn/c/2012-10-22/1680.shtml。

(2)人才培训政策。北京市重视服务外包人才培养工作。根据《商务部关于做好服务外包"千百十工程"人才培训有关工作的通知》的要求,北京市从地方政府财政专项资金中拨出充足的配套资金用于培训服务外包专业人才的培训。并出台了一系列支持措施,如大学应届毕业生和尚未就业的大学毕业生,因参加服务外包培训项目所支付的15%的培训费用,经有关部门认定通过考核后被服务外包企业录用的,由地方政府返还。鼓励、吸引各类服务外包高端人才在京创业和工作。对于符合《北京市吸引高级人才奖励管理规定实施办法》规定范围和条件的高级人才,可按有关规定给予奖励。

(3)配套资金资助政策。早在2003年5月,北京市就设立了软件外包贷款"绿色通道"。这一政策针对那些符合条件的外包出口企业,给予他们快捷、便利的融资担保服务，并且给予担保费、贷款利息的补贴。但是要想获得上述资金支持，需要外包出口企业参加"绿色通道"资金支持项目的资格认定，通过认定的企业可以申请"绿色通道"专项项目贷款。这一政策为北京市的软件出口企业解决了流通资金的贷款问题。此外，依据《商务部关于做好服务外包"千百十工程"企业认证和市场开拓有关工作的通知》的要求，北京市还在各级地方政府财政专项资金中，安排出"中小企业国际市场开拓资金"，规定该配套资金不得低于商务部专项资金金额的两倍，用于支持那些已经取得国际认证，或正在升级的服务外包企业进行维护和进一步完善已经取得的国际认证。①

（4）出口支持政策。2003 年，北京市实施了《北京市外经贸发展专项资金使用管理（试行）办法》。根据上述政策，软件产品在每出口 1 美元补助 0.01 元人民币基础上，增加补助 0.02 元人民币，按季度兑现。北京市商务局还规定，凡是注册资本达到 50 万元人民币的软件企业，可授予自营进出口权，以支持软件企业大力出口。另外，北京市还专门成立了软件报关代理服务机构，为出口企业提供免费的报关代理、出口核销退税等服务，一方面帮助软件企业通过海关规范出口，另一方面降低了这些企业的报关成本，提高了报关效率。②

3.2.1.3 北京市服务外包示范园区产业发展环境：以中关村软件园为例

中关村软件园自建设以来，随着产业生态环境的不断完善，企业数量和质量、人员规模逐年大幅提高，2013 年已集聚各类企业 281 家，从业软件人员约 3.14 万人，③ 是我国最有代表性的服务外包示范园区。中关村软件园初创宗旨是产业促进，它是我国最具代表性的软件与信息服务产业的综合服务园区。目前，中关村软件园不仅是国家软件产业基地，还是国家的软件出口基地。中关村软件园集聚了大量创新要素和创新主体，并作为将二者联结起来的强大纽带，充分发挥创二者的关联效应，成为大量创新的肥沃土壤。具体而言，软件园构建了国际化、专业化的产业服务体系，包括从产业研究到

---

①② 2010 年中国服务外包行业研究报告 ［R/OL］.（2011 - 11 - 08）. http：//tradeinservices. mof com. gov. cn/trade/searchList. shtml? keyword = 中国服务外包行业研究报告.

③ 中关村软件园新闻网 - 中关村软件园公司. 中关村软件园首创全国科技园区管理新模式 ［EB/OL］.（2013 - 08 - 16）. http：//www. zpark. com. cn/newsinfo. aspx? id = 7382.

创业孵化、品牌拓展、人才培养与服务、科技金融超市、国际合作与技术转移、知识产权保护、信用建设等一系列产业促进服务。① 在技术支撑服务方面，软件园能够提供从基础通信服务到云平台服务和数字化、智慧型等多层级服务。中关村软件园通过全面的产业服务促进创新成果进行应用转化，全力促进园区产业发展和企业做强做大。

（1）园区环境构成之一：交通基础。中关村软件园的地理位置优越，位于北京市海淀区。北京市海淀区是北京的文化及高科技中心，其中，上地信息产业基地在中关村软件园东侧，软件园南面紧邻规划绿化带及北大生物城，西边是东北旺苗圃，北至东北旺北路，周边金融、教育及交通环境十分便利，为软件产业发展提供了优越的交通基础。

（2）园区环境构成之二：通信平台。信息技术及通信平台是发展软件外包业务的核心基础及条件。中关村软件园区内建有高速光纤网络系统和卫星广播电视接收系统，能够提供 1000M 的宽带网络和 20M 以上的高速国际出口。另外还有无线网络覆盖、视频会议系统、一卡通系统、监控系统以及通信系统等数字化园区建设。② 优良的通信平台为中关村软件园区创造了适宜的发展环境。

（3）园区环境构成之三：人才储备。中关村软件园区具有本科及以上学历的员工占园区企业总人数的 89.3%，平均年龄为 29 岁。③ 园区具有充足的专业人才储备，这一条件的形成，与园区所在的海淀区是北京市的教育中心关系密切。园区邻近清华大学、北京大学，中国科学院以及海淀区众多高校为入园企业形成强大的科技区位支撑和技术依托。园区除了依托众多高校，就近吸纳大量人才之外，还成立了中关村软件园培训中心，与微软、朗讯、神州数码、Symantec 等国际知名企业合作，联合国内知名高校、软件企业，通过开设就业培训班，为中关村软件园入园企业、软件出口联盟企业、上地

---

① 中关村软件园网站．"产业环境"介绍［EB/OL］．http：//www. zpark. com. cn/servicesinfo. aspx？id＝4995．

② 中关村软件园．http：//baike. sogou. com/v7941485. htm.

③ 中关村软件园网站－中关村软件园公司．中关村软件园首创全国科技园区管理新模式［EB/OL］．（2013－08－16）．http：//www. zpark. com. cn/newsinfo. aspx？id＝7382．

大产业基地 IT 企业培养"即插即用"的人才;[1] 通过提供企业内训，为 IT 企业在职人员职业生涯的持续发展提供能量。

（4）园区环境构成之四：企业支持。作为我国最具代表性的软件园区，如何为区内企业提供各方面服务和支持，是需要努力解决的核心管理问题。中关村软件园区为了做好这项核心工作，专门设立了软件企业评估与认证中心、知识产权登记中心、软件产品质量评测中心、软件工程咨询中心等,[2] 为软件企业的产品开发、质量管理等提供服务。另外园区还成立软件出口联盟，为软件出口企业提供拓展市场、资源共享等服务，促进软件企业出口。

（5）园区环境构成之五：政策鼓励。包括支持研发机构创新政策、扶持人才创业政策、人才服务政策等，例如，对创新平台建设的支持，鼓励企业与大学、科研机构合作建立工程技术研究中心和企业实验室，孵化器补助，高新成果产业化补助，创业投资服务等。

3.2.2 上海：建设"亚太服务外包集聚区"

上海市服务外包产业的战略是以发展总部经济为核心，通过吸引国际发包商将地区总部和研发中心设立在上海，开拓更多的服务外包业务，开拓欧美服务外包市场。[3] 就目前来看，上海市服务外包市场的主体依然是信息技术外包（ITO），并且以此为基础形成了"软件产品出口、来料加工、系统集成、整体方案和软件服务并举"的软件外包产业链。此外，上海市服务外包业务涉及的领域也逐渐扩展，除了软件开发外包之外，还有物流外包、研发设计外包和金融后台服务外包等领域。

3.2.2.1 上海市服务外包发展概况

1. 离岸服务外包长期增长。

上海市离岸服务外包呈长期增长趋势。据商务部服务外包业务管理和统

---

[1] 北京市地方志编纂委员会. 北京志. 开发区卷. 中关村科技园区志 [M]. 北京：北京出版社，2008：645.

[2] 中关村软件园介绍 [EB/OL]. http：//www.cnrepark.com/gyy/5019/.

[3] 服务外包示范城市 [EB/OL]. http：//baike.baidu.com/link? url = 4EZH4KwVd3jyWy0W1M_c3n7GorcdFBHMLRQ6iCITkdm_AiIg7AS7yyGg98s1kIX6q5mrd1pdlnesrBQrXh－uxa.

计系统数据，2012 年上海市服务外包合同金额和执行金额分别同比增长 11.3% 和 13.8%，其中离岸签约金额和执行金额分别同比增长 10.9% 和 13.8%，扣除补报 2011 年执行的部分，2012 年实际离岸执行金额同口径增长 21.7%。[①] 2012 年，上海市已经连续三年占据了全国 21 个示范城市的第一名。但是，与 2011 年的合同金额增速相比较，2012 年上海市服务外包合同金额增速出现了 70% 的下滑，这是因为欧美经济危机后，对服务外包的需求显著增加，导致 2011 年上海市外包接包数量大增而导致的，但长期看，增长速度仍然维持了两位数的高速。参见图 3 - 19。

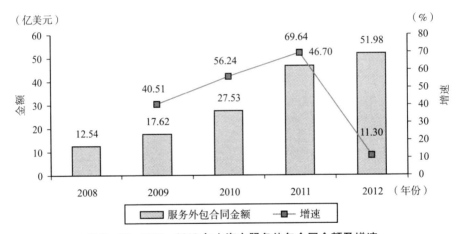

图 3 - 19　2008 ~ 2012 年上海市服务外包合同金额及增速

资料来源：中国外包网 - 中国服务外包杂志. 服务外包示范城市 2012 年服务外包产业发展概况 ［EB/OL］. （2013 - 11 - 12）. http：//www. chnsourcing. com. cn/outsourcing - news/article/68667. html。

2. ITO 以软件出口主，KPO 逐渐增加。

作为国家首批认定的国家级软件出口基地之一，上海市的服务外包业务结构中，占主导地位的是信息技术外包（ITO），其中，软件出口是 ITO 的主要业务形式。即使是在 2008 年全球经济增长放缓、国际贸易疲软的阶段，上海市软件出口依然保持快速增长势头。2006 ~ 2010 年软件出口的平均增长率达到 28.38%。近年来，知识流程外包（KPO）所占比重也逐渐增加。据

---

① 中国外包网 - 中国服务外包杂志. 服务外包示范城市 2012 年服务外包产业发展概况 ［EB/OL］. （2013 - 11 - 12）. http：//www. chnsourcing. com. cn/outsourcing - news/article/68667. html.

"服务外包示范城市 2012 年服务外包产业发展概况"中数据，2012 年上海市服务外包实际执行金额中 ITO、KPO 和 BPO 分别占 66.7%、22.3%、11.0%。与 2010 年相比，KPO 上升了 7.8%，BPO 上升了 3.4%，这是上海市离岸服务外包结构进一步优化的良好开端。图 3－20 是 2006～2010 年上海市软件业务出口收入及增速的变化情况。

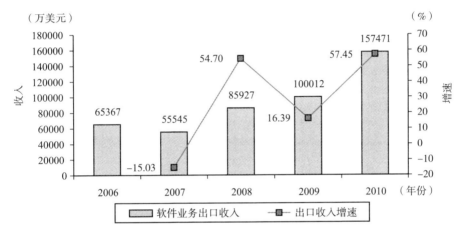

图 3－20　2006～2010 年上海软件业务出口收入及增速

资料来源：根据《中国信息产业年鉴》2008～2012 年相关数据整理绘制。

3. 美国、日本是上海市服务外包的主要市场。

上海市承接的离岸服务外包业务来自世界上多个国家和地区。据统计，2012 年前三个季度，上海市软件出口合同金额和执行金额分别达 14.36 亿美元和 10.14 亿美元，比去年同期分别增长 40.5% 和 26.3%。其中，对美国、日本两国的出口额合计达 6.31 亿美元，占比超过 60%。在 2012 年整个年份，上海市承接的服务外包排名前五位国家和地区分别为美国、日本、新加坡、荷兰和中国香港。上述国家和地区的服务外包业务占上海市服务外包总量的比重分别 38.7%、15.2%、6.6%、6.4% 以及 5.8%。可以看出，美国、日本两国居前两位，是上海市承接服务外包的主要市场，业务合计占比超过一半，近 54%。①

----

① 服务外包示范城市 2012 年服务外包产业发展概况［EB/OL］.（2013－11－12）. http://www.chnsourcing.com.cn/outsourcing－news/article/68667.html.

4. 企业规模迅速扩大。

上海市软件产业从业人员数量一直呈现高速增长态势。2010 年上海市软件产业从业人员达 18 万人左右，同比增长约为 20%，如图 3 - 21 所示；到 2012 年，上海市软件产业吸纳总就业人数为 23.34 万人，其中大专以上学历人员占全部从业人员 85.9%，仅当年一年就新增从业人员 3.16 万人。

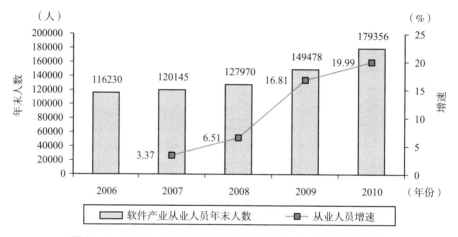

图 3 - 21   2006 ~ 2010 年上海市软件产业从业人员数量及增速

资料来源：《中国信息产业年鉴》编委会. 2011 年中国信息产业年鉴 [M]. 北京：电子工业出版社，2011。

从上海软件企业数量上来说，根据司尔亚司数据信息有限公司（CEIC）的"中国经济数据库"数据统计，2012 年上海市软件企业数量达到 2300 个，比上一年增加了 700 个，是近几年增加幅度最大的一年，相比 2008 年，软件企业数量增长已超过 100%（详见图 3 - 22）。其中，全市出口 100 万美元以上企业，已占到软件出口企业总数的近 60%。从企业资质上来说，在国家政策和市场要求双方面的驱动下，通过 CMM/CMMI 认证的企业数量快速增长，截至 2011 年底，上海市已有 133 家企业通过 CMM/CMMI 3 级以上的认证。

5. 服务外包产业集聚已形成。

上海市是我国服务外包产业核心基地之一，目前已基本形成了点面结合、覆盖全市的产业集聚格局。全市服务外包产业的集聚和地域分布覆盖了全市

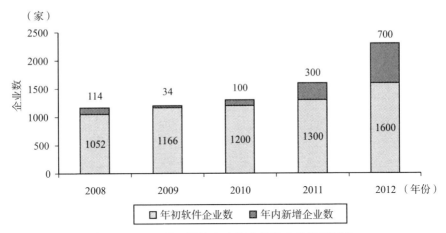

图 3 - 22 2008 ~ 2012 年上海市软件企业数量情况

资料来源：CEIC 数据库。

大部分区县。具体如下：浦东新区、长宁区、闸北区、黄浦区和漕河泾新兴技术开发区是上海市的 5 个服务外包示范区；张江金融信息、张江生物医药、南汇生物医药、卢湾人力资源、陆家嘴信息技术、浦东软件园信息技术、长宁数字媒体、天地信息技术、张江信息技术、金桥研发设计、嘉定汽车研发设计以及财经大学金融服务外包专业园区是上海市的 12 个服务外包专业园区。

另外，上海市服务外包集聚呈现了发展特色、定位各有侧重的特点，避免了集聚区域同构化和恶性竞争的问题。例如，浦东新区服务外包示范区以 ITO 和金融 BPO 为主；卢湾服务外包示范区以系统集成服务、会计咨询服务、研发设计服务等为特色；漕河泾新兴技术开发区以嵌入式软件为特色，长宁服务外包示范区以数字媒体为特色；等等。① 各服务外包示范区都有一些专业园区，其中仅浦东新区就集聚了多个特色明显、水平较高的专业园区，具体如表 3 - 4 所示。

---

① 上海市商务委员会. 上海服务外包示范区和服务外包专业园区（4 + 3 个）［EB/OL］.（2009 - 06 - 25）. http：//sww. sh. gov. cn/service/search/content. jsp？ contentid = MjI4ODg2.

表3－4 浦东新区服务外包专业园区的发展特色及定位

上海市服务外包专业园区	服务外包业务特色
浦东软件园	上海唯一的国家软件产业基地和国家软件出口基地
陆家嘴软件园	上海市软件产业基地
上海市金融信息服务产业基地（上海市银行卡产业园）	目前国内金融后台集聚度最高、基础设施最完善的专业性产业基地，形成了以各大金融机构中后台外移业务为核心的主要业务链，着力强化金融信息服务和金融业务流程外包服务功能，与陆家嘴金融CBD实现联动发展
上海市生物医药服务外包基地	国内领先的生物医药研发外包服务集聚区
金桥服务外包基地	以金桥现代产业园区为核心区，以金桥出口加工区为拓展区，形成了从北到南的产业功能辐射带

资料来源：根据上海市信息服务外包发展中心（http：//www.iiso.org.cn/views/index.jsp）相关资料整理编制。

3.2.2.2 上海市服务外包发展环境

上海是我国经济改革与发展的前沿阵地，也是长三角经济、文化圈的核心城市。上海是世界知名的现代化大都市，是我国集发达的经济和先进的科学技术于一体的城市。这里国际国内知名企业云集、各类研究机构和高校荟萃、通信及各项基础设施完善、海陆空交通便利快捷。因此上海市不仅是我国的交通枢纽城市，还是我国的经济金融中心、国际贸易口岸以及高科技人才的储备库。基于上述得天独厚的条件，上海市是我国服务业及服务外包产业发展程度最高的城市。因此，上海市是商务部授牌的首批中国服务外包示范城市之一。

1. 通信及交通基础。

上海市是一个重要的国际交通枢纽。从航空客运量和货运量来看，上海的航运量在长期中呈上升趋势，只是在2008～2009年期间受金融危机的影响，航空货运量大幅下降，而客运量相对上升，如图3－23所示。

上海市拥有浦东、虹桥两大机场，形成5条跑道、4座航站楼、5个货运区的规模。其中，浦东国际机场通航的国内外航空公司已经达到48家，国际航线覆盖面达到73个国外地区或城市，国内城市达到62个，成为世界主要的航空枢纽港。上海市还建成了深水良港——洋山深水港；还有四通八达、快捷的陆路交通，这一切都为服务外包的发展提供了优越的交通基础。

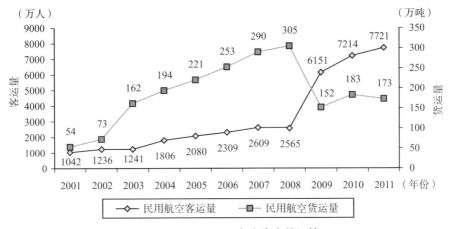

图 3 – 23　2001～2011 年上海市航运情况

资料来源：国研网数据库（http：//data. drcnet. com. cn）。

除交通条件外，上海市的通信环境也非常优越，早在 2007 年，上海市就已经有 9 条国际海底光缆登陆，从上海市进出的国际通信容量占全国的七成。上海市成为太平洋海底直达光缆系统的主要登陆点之一。如图 3 – 24 所示，2001～2011 年，上海市移动电话用户数由 626 万户增长到 2621 万户，增长了将近 4 倍；国际互联网用户数更是由 104 万户增长到 5307 万户，增长了将近50 倍。

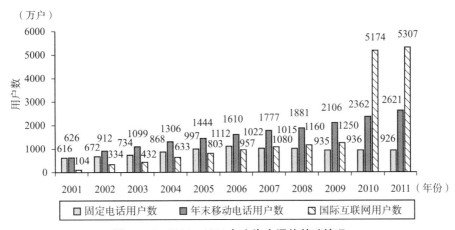

图 3 – 24　2001～2011 年上海市通信基础情况

资料来源：国研网数据库（http：//data. drcnet. com. cn）。

2. 人力资本储备条件。

高校毕业生是跨国服务外包人才的主要来源。一直以来，上海市都非常重视科技教育文化事业发展，大力实施"科教兴市"战略，对社会经济文化发展产生了深远的影响。上海市聚集了大量高水平的研究机构和高等院校，专业设置齐全，教学、研究的深度和广度能够兼顾，因此造就了上海市人力资源整体素质高、供给量大的特征，也使上海成为我国科技与教育的核心基地。2000～2011年上海市高校数量和高校在校人数都翻了一番左右，整体呈现稳步增长（见图3-25）。国际服务外包需要国际化的人力资本，在这个方面，上海市表现优秀，不仅在外语人才及信息科技专业技术人才上有着明显的优势，而且出台了大量吸引、鼓励海外学成归国人才入沪创业，目前上海市已成为留学人员回国发展的首选城市之一。通过上述科研、教育、人才引进等体系，上海市现已经形成了针对人才的市场化配置机制和专业化、社会化的服务体系和尊重知识、尊重人才的社会氛围。

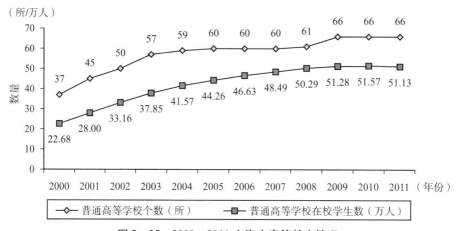

图3-25 2000～2011上海市高等教育情况

资料来源：国研网数据库（http://data.drcnet.com.cn）。

上海市的人力资源整体素质较高，专业门类丰富全面，这支源源不断的人力资本队伍不仅使上海市成为我国的人才高地，更为上海市承接国际服务外包创造了极佳的条件。2012年上海市服务外包企业吸纳就业人员23.34万人，新增从业人员 3.16 万人，其中大专以上学历人员占全部从业人员 85.9%。①

3. 政策支持条件。

上海市政府高度重视服务外包产业的发展，制定了许多前瞻性的扶持政策。早在 2006 年，上海市就出台了《关于促进上海服务外包发展的若干意见》，为发展服务外包业提供指导性意见。2011 年，基于前期的广泛调研，上海市又制定完善了《上海服务外包"十二五"发展规划》，明确了"积极承接离岸，不断完善功能，重在发展高端，重点集聚总部，加强区域合作"的服务外包发展思路。② 在具体的支持政策方面，上海市先后出台了包括税收、人才、资金、出口等多方面措施，以通过政策推动上海服务外包产业的发展。

(1) 税收优惠政策。2010 年，上海市商务委会同地税局发布了《关于本市离岸服务外包业务收入申请免征营业税有关事项的公告》。公告自 2012 年 1 月 1 日起，在部分现代服务业施行营业税改征增值税改革试点。③ 研发与技术服务、信息技术服务、设计服务、知识产权服务等主要业务均纳入了试点范围。"营改增"有利于消除重复征税，降低小型微型企业税负，促进社会专业化分工，推动建立"发包、接包、转包、分包"的良性产业链条。

另外，为避免重复征税，上海市商务委会同市科委等部门联合下发了《上海市地方税务局关于印发本市〈营业税差额征税管理办法〉的通知》，规定对技术先进型服务企业承接的境内 ITO、技术性 BPO 和技术性 KPO 业务再外包给其他单位的，以其取得的服务收入，扣除支付给分包方费用后的余额为计税营业额。

(2) 人才扶持政策。上海市政府重视服务外包行业的发展，深知人才是发展离岸服务外包的核心。因此上海市积极推出鼓励服务外包发展的产业政策和人才政策，以吸引掌握市场资源、核心技术、管理经验的高端人才，先

---

① 服务外包示范城市 2012 年服务外包产业发展概况 ［EB/OL］. (2013 – 11 – 12). http://www.chnsourcing.com.cn/outsourcing – news/article/68667.html.

② 市政府新闻发言会发布上海市政府《关于促进上海服务外包发展的若干意见》［EB/OL］. (2006 – 08 – 23). http://www.shanghai.gov.cn/shanghai/node2314/node9819/node9822/userobject21ai169161.html.

③ 国家税务总局上海市税务局. 关于本市离岸服务外包业务收入申请免征营业税有关事项的公告 ［A/OL］. (2010 – 11 – 19). http://www.tax.sh.gov.cn/zcfw/zcfgk/yys/201011/t305022.html.

后出台的相关政策包括《上海实施人才强市战略行动纲要》《上海市人才发展资金管理办法》《上海市人民政府办公厅印发关于促进本市服务外包产业发展实施意见的通知》等。这些政策在促进服务外包产业的发展和服务外包人才的开发中起到了重要作用。

为了全方位的增加人才供给，上海市还积极鼓励建设各类人才培训中心。例如，在 2009 年 6 月，上海市商务委员会和浦东新区政府在张江高科技园区签署了上海服务外包人才培训中心共建协议，举行了国家"服务外包人才培训中心（上海）"和首批"上海服务外包人才培训基地"授牌仪式、首批"上海市服务外包咨询专家"颁证仪式，标志着上海市服务外包培训基地、培训中心以及培训体系的不断完善。通过人才培训中心，上海市能够更好地调整服务外包所需人才结构，向有关企业提供急需的人才。

（3）资金支持政策。在资金支持方面，上海市积极贯彻落实财政支持政策为落实《财政部、商务部关于做好 2010 年度支持承接国际服务外包业务发展资金管理工作的通知》，组织企业申报国家服务外包专项资金，不仅给服务外包企业以资金支持，还极大地增强了服务外包企业吸收就业的能力，加快培育了服务外包人才。在实施《财政部、商务部关于做好 2010 年度支持承接国际服务外包业务发展资金管理工作的通知》的同时，上海市继续实施促进服务外包发展专项资金政策，实行服务外包人才培训地方配套资金及支持服务外包企业吸纳实习生、开拓国际市场等项目支持，区县两级财政共同支持服务外包企业发展。

（4）出口促进政策。上海市商务委会同人民银行上海总部等有关部门下发了《关于转发〈关于金融支持服务外包产业发展的若干意见〉的通知》，就简化服务外包企业售付汇手续、设立"服务外包外汇业务绿色通道"、创新金融产品及拓宽融资渠道等方面给予服务外包企业优惠政策。

上海海关贯彻落实《关于开展国际服务外包业务进口货物保税监管试点工作的公告》，推广服务外包保税监管，实施服务外包的贸易便利化。①

---

① 海关总署. 关于开展国际服务外包业务进口货物保税监管试点工作的公告（海关总署公告 2009 年第 85 号）［A/OL］.（2009 – 12 – 24）. http：//www. customs. gov. cn/customs/302249/302266/302267/356933/index. html.

3.2.2.3 上海市服务外包产业示范园区：浦东软件园的建设及发展经验

上海浦东软件园于 20 世纪 90 年代初创立，是由国家部委和上海市人民政府合作共建的卓有成效的产业园区项目。自创立以来，有关部委、上海市以及浦东新区政府给予了大力支持，使园区规划有序，并与其他产业园区联动发展，现在已经建成产业特征清晰、技术创新活跃、人力资源雄厚、服务功能完善的"国家软件产业基地"和"国家软件出口基地"。"浦软"已成为软件服务外包的响亮品牌，成为我国一流的软件产业高地，见证着中国软件产业发展的历程。"浦软"人更是将全部的精力投入到了软件产业的发展和建设中。

"十一五"期间，上海浦东软件园保持了高速发展态势。从园区内入驻企业数量、就业人数、产值规模及上缴税收等几个方面都可以看出。截至 2010 年底，园区共有注册企业 1086 家，入驻企业 476 家，福布斯全球软件企业前 20 强有 4 家在这里设立了研发中心，通过上海市软件企业和高新技术企业认定的有 100 余家（见图 3 – 26）。2010 年园区实现经营总收入达到 257 亿元，上缴税收 16 亿元，从业人员达到 2.5 万人。①

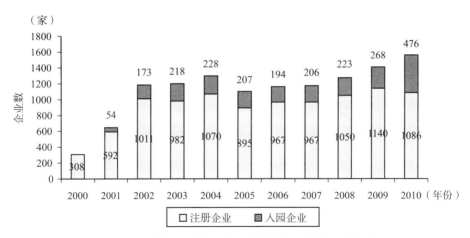

图 3 – 26　2000 ~ 2010 年浦东软件园企业数量增长情况

资料来源：浦东软件园（http：//www. spsp. com. cn/park. html）。

---

① 浦东软件园 ［EB/OL］. http：//www. spsp. com. cn/park. html.

从软实力看，2010 年，浦东软件园企业的创新能力进一步增强。165 家经抽样调查的园区企业中，有 70 家通过软件企业认定、19 家通过高新技术企业认定，17 家通过 CMM 3 ~ 5 级认证。这些企业共获得 56 项专利授权和 114 项软件著作权授权。同时，园区拥有福布斯全球软件企业 20 强共 4 家，国家规划布局内重点软件企业 3 家。①

为什么浦东软件园能够在短短的二十年里发展成为"国家软件产业基地"和"国家软件出口基地"，并在高技术产业领域实现经济技术突破？究其原因，政府的产业促进政策和巨大的财政投入是园区成功运作的基础；另外，上海市大量有活力的本土企业、丰富优质的高级专业人才，以及功能完善的配套措施，都是促使浦东软件园快速良好发展的因素。这些经验对我国推动服务外包产业集聚并取得成效有积极的参考价值。

1. 充足的人力资本。

浦东软件园的人才供给非常充足，这里汇聚了上海市信息技术、企业管理等各方面的顶尖人才。实际上，浦东软件园的人才供给并不局限于上海市的高校毕业生，整个长三角地区甚至国内其他高等院校的毕业生在此就业的不在少数，而且还有大量的海归人才。但是，在如此充沛的人才供给下，浦东软件园区还拥有由上海张江信息技术专修学院、上海市浦东软件园职业技能培训中心和上海浦软汇智人力资源服务有限公司经过战略整合后，构建的集招聘、求职、培训、鉴定于一体的"浦软人才"服务平台。这一平台的功能在于整合政府、高校、企业、社会各方资源，致力于提升园区企业人才竞争力、构建软件人才高地。整合后的人才服务平台业务范围已扩展到 IT 综合技能培训、国家职业技能鉴定、人事代理、人事外包、就业推荐等多项人才服务领域，成为以浦东为核心，辐射上海地区软件企业和个人，提供全方位、一站式 IT 人才综合服务的机构。这种人才培训及管理模式为浦东软件园的发展提供了充足的软件开发人才，进一步带动了园区软件服务产业的发展，同时人才的聚集也吸引了更多的企业入驻园区，促进了软件产业的集聚。

2. 完善的基础和配套服务设施。

软件开发与服务需要完善的通信、交通及各项生活设施，还需要高效率的信息传递及管理系统。浦东软件园在上述方面积累了丰富的经验。

---

① 浦东软件园 [EB/OL]. http：//www. spsp. com. cn/park. html.

（1）技术支持与网络通信基础。在技术支持方面，浦东软件园建成了"浦软汇智"IT服务云平台，旨在为中小型科技企业提供虚拟主机、网络存储、开发运行平台环境、支撑服务软件等内容的开放式的云计算公共服务平台。这一服务云平台能够为用户提供设计、实现、调试、测试、部署所需要的全部应用支持，即提供完整的开发环境，使用户能基于云计算平台构建、运行相关的应用。

在网络通信基础方面，中国电信、中国网通、中国铁通、中国联通四大网络运营商均已投资浦东软件园，按照国际水准建设一流的网络通信环境，园区骨干网络带宽达到40G，高速路由交换设备容量高达320G，企业专线可直达日本。

（2）交通及生活基础设施建设。浦东是上海重要的交通枢纽地区。这里有先进的国际物流港口，航空运输、铁路轨道运输、城际高速路、浦江大桥、海底隧道、磁悬浮列车、地铁线路织成密集的交通网络，这些要素共同建构了水、陆、空三位一体的交通体系，使软件园所在的浦东新区与全国乃至世界各地紧密地联系在一起。

在生活环境方面，浦东软件园在建设中精心设计小区道路和休闲、娱乐设施，目前这些基础设施布局、组织合理。园区空间产品租赁及销售服务、物业服务、餐饮服务、停车服务、会场租用服务、车辆租用服务、住宿服务、园区"一卡通"服务等其他配套措施也一应俱全。在社区管理方面，整个社区风气良好、邻里关系和谐、健康向上，为从业者提供了自然、舒适的居住环境。

（3）信息化管理。为保证信息传递及管理的高效率，浦东新区重点建设了地理信息系统、智能化道路交通信息系统以及政务管理共享平台。并已建成公务网、政务外网和应用专网"三网"为架构的基础骨干网络，为各类应用开展提供了有力的基础支撑。此外，浦东新区还建有上海市最大的公安网、教育网，以及张江新网、外高桥城域网等应用专网。近年来，浦东新区基础数据库架构基本形成，地理信息系统（GIS）数据库应用成效明显，公务人员工作平台也已上线运行。在2010年，浦东就已经基本形成资源共享、信息安全的智能化政务管理和城市管理信息网络。

（4）相关的政策支持。各级政府一系列的产业支持政策，是浦东软件园快速发展的巨大推动力（见表3-5）。

表 3 - 5   浦东软件园园区政策鼓励措施

项目	措施	内容
财税补贴	软件开发费用补贴政策	1. 软件企业认定和软件产品登记时发生的测试和登记费用补贴 2. CMM 认证补贴
	离岸服务外包免征营业税政策	对离岸服务外包业务取得的收入免征营业税（2010 年 7 月 1 至 2013 年 12 月 31 日）
	新区科技公共服务平台政策	对浦东新区高科技产业的技术研发、产学研协同创新、自主创新成果产业化等活动提供公共服务
科技认定	高新技术企业认定政策	1. 高新技术企业可以按 15% 的税率缴纳企业所得税 2. 高新技术企业享"两免三减半"优惠
	上海市高新技术成果转化项目认定政策	一经认定，会有如下方面的政策优惠： 1. 人才引进（落户）和居住证办理 2. 职称评审 3. 财政专项扶持资金：营业税、企业所得税、增值税地方所得部分"三免两减半"或"五免三减半" 4. 贷款贴息或融资担保
人才扶持	上海市人才发展资金资助政策	1. 来沪工作和创业的国内优秀人才 2. 从事自主知识产权项目研究、高新技术成果转化或其他本市特殊紧缺急需的优秀专业技术人才
	"千人计划"政策	中央人才工作协调小组制定了关于实施海外高层次人才引进计划的意见（简称"千人计划"）
投融服务	知识产权质押融资专项资金	1. 为实物抵押条件不足的科技型中小企业向银行短期借款提供信用担保 2. 企业以自有知识产权质押和业主信用为反担保
知识产权资助	上海市知识产权示范企业政策	1. 示范企业创建费用补贴 2. 专利信息数据库建设费用补贴 3. 专利与版权申请、驰名商标和著名商标、自行开发的软件登记等费用补贴 4. 对成绩显著的示范企业，给予表彰和奖励
专项资金	国家服务外包专项资金政策	1. 服务外包企业每新录用 1 名大学，给予企业定额培训支持 2. 服务外包培训机构培训的从事服务外包业务人才给予定额培训支持 3. 对服务外包企业取得相关认证及认证的系列维护、升级给予支持

资料来源：根据浦东软件园网站（http：//www. spsp. com. cn/park. html）新闻及资料整理编制。

3.2.3 大连：服务东北亚外包市场的城市

大连市对日本的软件服务外包优势十分明显。这得益于大连市与日本地域接近、交通便利、文化融合、经贸往来频繁（日本是大连市的第一大对外贸易市场）。此外，大连市还拥有大量日语人才，在日本本土之外，大连市几乎是日语人才数量最多的一个城市。随着服务外包成为新一轮产业国际转移的主要方式，大连市前瞻性地提出将本市构建为"中日软件合作战略门户"和"东北亚外包中心"的设想，经过多年的努力实施，大连市目前已经成为日本离岸服务发包的业务市场，大连市对日本出口软件和承接服务外包的规模居我国城市之首。

除软件服务外包产业之外，大连市还是一个著名的旅游城市，这两个产业构成了大连市的经济支柱，成为我国产业集聚度较高的城市。大连市政府高度重视服务外包产业和旅游业发展的平衡点，倡导"绿色 GDP"的发展理念。因此，大连市对服务外包这一"绿色产业"，给予了金融、财税及人才等各项政策支持。服务外包产业已经成为带动大连经济的腾飞、增长转型的引擎。

3.2.3.1 大连服务外包的现况

1. 服务外包发展迅猛。

2010～2012 年，大连市离岸服务外包规模一直保持稳定增长。2012 年大连服务外包合同金额 18 亿美元，比 2011 年增长 39%，具体见表 3 - 6。

表 3 - 6　　　　　　　　2010～2012 年大连市离岸外包情况

年份	合同金额（亿美元）	执行金额（亿美元）	企业数（家）	就业人数（万人）
2010	11.80	9.00	941	10.08
2011	13.16	10.84	964	11.00
2012	18.00	15.00	984	11.60

资料来源：根据商务部信息（http://chinasourcing.mofcom.gov.cn/c/2013 - 03 - 08/149511.shtml）整理。

在以软件外包为核心的服务外包产业高速发展的过程中，大连市的服务外包已经构建了以软件和信息技术外包（ITO）、业务流程外包（BPO）和研发中心三大产业类型为核心的完善产业体系，拥有了完整的服务外包产业链。近年来，大连市软件和服务外包业销售收入一直保持快速增长，增速也逐年提高，2012 年销售收入达 1145 亿元，同比增长达 50.7%（见图 3 - 27）。

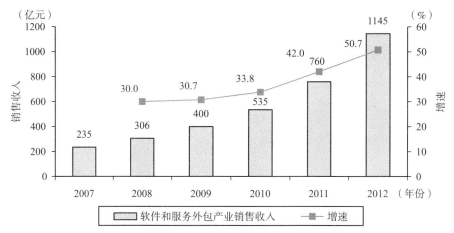

图 3 - 27　2007 ~ 2012 年大连市软件和服务外包产业销售收入及增速

资料来源：根据相关网站新闻资料 2008：http://news. xinhuanet. com/fortune/2009 - 09/04/content _ 11997422. htm；2010：http://chinasourcing. mofcom. gov. cn/dl/c/2011 - 02 - 23/90324. shtml；2012：http://www. chinaacc. com/new/184_900_201301/11su2138392938. shtml 整理绘制。

2. 企业和从业人员数量逐年增加。

2005 ~ 2010 年，大连市软件业企业总数从 195 家左右增加到 459 余家，从业人员数量从 2.5 万人增加到将近 8 万人。目前大连市软件产业超过 7000 人的企业有 1 家、超过 6000 人的企业有 2 家、超过 3000 人的企业有 3 家、超过千人以上企业有 24 家，规模和集聚效应日益凸显（见图 3 - 28）。

3. 以承接日本软件外包为主的服务外包产业。

大连市紧邻日本和韩国，利用这一地缘优势，大连市积极开拓日本和韩国市场，其中，承接日本的软件外包已成为大连服务外包产业的主干，对日本软件出口和外包业务是大连市服务外包的特色，出口额一直占总额的 80%。[①]

_____

①　比特网软件与服务板块，［EB/OL］http://soft. chinabyte. com/324/12358824. shtml.

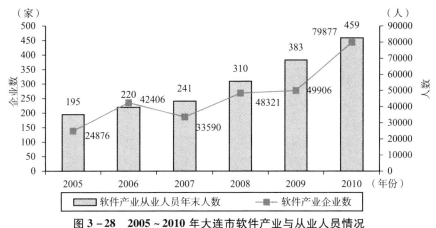

图 3 - 28 2005～2010 年大连市软件产业与从业人员情况

资料来源：根据《中国信息产业年鉴》相关年份数据绘制。

大批日韩企业在大连投资，设立分支机构，日本大的软件和服务外包公司，如阿尔派、索尼、益德穿梭、松下电器、NTT、川崎重工等在大连都有投资。自 2008 年起，大连市也开始在日本投资。当年 12 月，大连市在日本东京成立了日本服务外包软件园，这是我国首个海外软件园区，被评为 2008 年中国信息产业经济年会十大事件之一。日本服务外包软件园现已入驻企业 40 余家。[①]

除日本市场外，大连市承接欧盟及美国业务的能力也逐渐提高，ASBECT 软件、CISCO 软件、辉瑞 BPO、博朗 BPO 等一批针对欧美市场的软件服务外包项目落户园区，海外市场开拓取得了积极进展。

4. 服务外包产业集聚已形成。

自 2008 年大连市政府规划出 150 平方公里的旅顺南路软件产业带开始，经过几年的建设，已经初步形成了以大连软件园为核心的服务外包产业集群和"一带多园"的格局，目前大连市已经拥有大连软件园、七贤岭产业基地、动漫产业基地、河口国际软件园、新加坡腾飞软件园、东软国际软件园、黄泥川大连天地软件园、龙头产业园、英歌石国际软件园、凌水湾总部经济基地等十大软件园区，聚集了全市 80% 的 IT 企业，推动了产业的集聚化、规模化、特色化发展。[②]

---

① 中国软件与服务外包网报道"大连在日本开园开创新纪元"［EB/OL］. http：//www. cnies. com/a/tebiebaodao/2015/0702/1206. html.

② 比特网软件与服务板块［EB/OL］. http：//soft. chinabyte. com/324/12358824. shtml.

3.2.3.2 大连市服务外包产业的发展环境

作为我国服务外包示范城市之一，大连市通信及交通基础设施条件优良，工业基础雄厚，科教资源丰富，人才储备充足，政策扶持到位，具有得天独厚的服务外包产业发展环境。

1. 交通和通信基础。

大连市的建设目标是逐步建成融国际航运、物流、金融三大中心于一体的城市。2012 年，大连市"一岛三湾"核心港区建设加快，全市港口集装箱吞吐量突破 800 万标箱，增幅位居沿海较大港口的首位；太平湾临港经济区建设启动，加快推进了港城一体化；长兴岛疏港高速公路等陆续建成，集疏运体系逐步完善；机场三期扩建工程竣工，新机场填海工程及沿岸商务区建设顺利推进，大连航空公司、汉华航空公司正式运营。[①] 目前，大连市国际航运中心主体框架已经形成。2011 年全市货运总量达到 34943 万吨，其中铁路货运量 2983 万吨，占 8.54%，公路货运量 21795 万吨，占 62.37%，水运货运量 10160 万吨，占 29.08%，航空货运量 4.6 万吨，占 0.01%。2001 ~ 2011 年大连市水陆空货运量情况如图 3－29 所示。

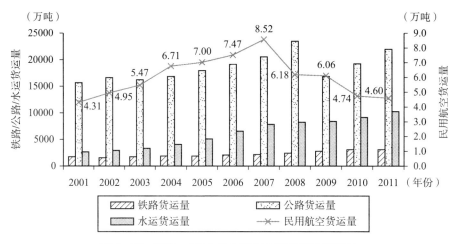

图 3－29　2001 ~ 2011 年大连市水陆空货运量情况

资料来源：国研网数据库（http://data.drcnet.com.cn）。

[①] 大连政府工作报告，2013 年 1 月 5 日大连市第十五届人民代表大会第一次会议。

大连市通信基础设施建设也愈发完善，其中移动电话用户数增长尤其显著，2001～2011 年的年均增长达到 20%，国际互联网用户数也从 2001 年的 45.59 万户增长到了 2011 年的 133.11 万户，发展迅速（见图 3－30）。

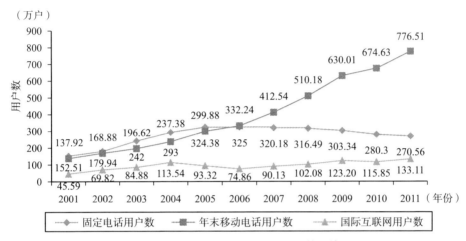

图 3－30 2001～2011 年大连市通信基础情况

资料来源：国研网数据库（http：//data.drcnet.com.cn）。

2. 人才储备基础。

大连市也是一座文化城市，聚集了众多国内著名的高等院校，包括大连理工大学、东北财经大学、大连海事大学、大连外国语学院、大连轻工学院、大连大学、大连医科大学等一共 31 所高校，2011 年在校生人数约 25.52 万人（详见图 3－31）。为了更好地对接高等教育与服务外包实践，为服务外包提供更多的优质人才，大连还建立了服务外包实训基地及上百家培训中心，每年培训能力近万人次，形成了高等院校、软件专业院校和培训中心与产业互动发展的特色人才教育培训及输送体系。

3. 政策支持条件。

大连市将服务外包作为本市的支柱产业，因此积极贯彻落实国家扶持软件和服务外包发展的政策措施，作为国家重点建设的第一批服务外包基地城市，大连市政府又先后制定出台了《大连市人民政府关于加快发展软件产业的实施意见》《大连市关于吸引软件高级人才的若干规定》《关于鼓励软件产业发展的若干意见》《大连市软件企业发展专项资金管理办法》《大连软件及

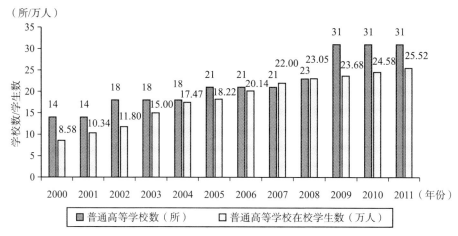

图 3 – 31　2000 ~ 2011 年大连市高等教育情况

资料来源：国研网数据库（http://data. drcnet. com. cn）。

信息服务业个人信息保护规范》《大连海关支持软件出口的若干措施》《大连市人民政府关于促进大连服务外包发展实施意见》等多项政府政策。这些政策从融资条件、人才培养供给、基础设施建设与服务等方面，为建设国际软件外包核心城市提供了逐渐完善的发展环境和政策支持。下面将从人才、资金及信誉体系等方面进行分析。

（1）人才培养政策。大连市为服务外包行业发展提供人才储备的战略可以总结为：设立服务外包专项资金，制定相关优惠政策，大力培养和引进服务外包高端专业人才。

上述战略可以追溯到1998年，大连市放开限制鼓励软件相关专业人才落户。之后，2004年又出台《大连市关于吸引软件高级人才的若干规定》，针对软件高级人才设立了优厚的奖励政策，6年中累计发放奖金2.8亿元；2006年进一步设立软件人才专项资金，旨在稳定专业人才；2008年的《大连市进一步促进软件和服务外包产业发展的若干规定》，将针对软件人才的优惠政策从落户扩大到住房、子女入学等更多方面。

在引进高端人才方面，大连市相关政策规定企业自国外和外地聘请首次来本市工作的高级技术和管理人员（年薪25万元以上，在企业连续工作1年以上），给予一次性安家补贴3万元。补贴资金由市财政通过市专项资金安排

50％，企业注册经营纳税地所在的区市县（先导区）财政安排 50％。①

（2）资金支持政策。与众多制造业部门不同的是，软件服务外包是人力资本密集型的行业，所需投入的资金并不很多，因此许多公司在起步期都是小规模的。但是如何让小公司成长为大公司，依然需要资金支持。大连市根据服务外包企业的发展规律，扶持中小服务外包企业的发展，给予资金支持。2008 年，大连市颁布《大连市进一步促进软件和服务外包产业发展的若干规定》提出，对年销售额超过 4000 万元以上的企业，参照其当年实现的增加值、营业收入、利润总额形成的地方财力比上年（最高年份）增量部分，市财政和企业注册经营纳税地所在的区市县（先导区）财政分别按其留成的100％给予奖励。② 此外，大连市还通过提供完善的服务帮助中小企业降低成本。例如，大连高新技术园区，专门设立了创业中心，旨在提供保姆式的服务体系，帮助中小企业注册公司、进行税务代理、提供法律咨询服务等。市政府还专门为中小企业设立创业基金，为中小企业提供土地、财政、金融等方面的政策支持，③ 这样使中小企业的发展成本降到最低，帮助他们起飞成长。

（3）支持信誉体系建设的政策。服务外包行业涉及大量知识产权保护问题，因此大连市最早建设软件和服务外包产业信誉体系，旨在加强知识产权保护、质量认证、个人信息安全保护等，帮助服务外包企业提升国际信誉。具体措施包括：中小企业及培训机构，如果为政府集体采购提供正版软件，将由市专项资金给予不超过 50％ 的补贴。政府将对那些通过软件开发能力成熟度模型集成（CMMI）和人力资源成熟度模型（PCMM）评估，信息安全管理（ISO27001）、IT 服务管理（ISO20000）认证，服务提供商环境安全性（SAS70）审计的企业，给予由市专项资金支持的不超过评估、认证、审计费用 50％ 的补贴等等。④

在上述政策的大力支持下，大连市被国家版权局授予全国第一个软件版权保护示范城市；全国第一个通过 CMM 5、CMMI 5、BS7799 和 SAS70 评估、

---

① 大连软件行业协会网站政策法规专栏［EB/OL］.［2008 - 12 - 24］. http：//www. dlsia. org. cn/NewsDetail. asp? ID = 1053.

②④ 《大连市进一步促进软件和服务外包产业发展的若干规定》的通知［A/OL］.（2008 - 11 - 21）.［2008 - 12 - 24］. http：//www. dsia. org. cn/xhtz/1148. html.

③ 大连服务外包的发展［EB/OL］.（2014 - 05 - 18）. http：//www. doc88. com/p - 19254282 77349. html.

认证和审计的软件企业都是大连企业。①

3.2.3.3 大连市服务外包产业示范园区：大连软件园

大连软件园创建于 1998 年，在 1999 年、2001 年和 2003 年间分别被国家认定为"国家火炬计划软件产业基地""国家软件产业基地"和"国家软件出口基地"。软件园具有优越的环境，完备的设施、有效的政策及创新管理机制，为园区成为具有国际化特色、具有规模经济、以软件开发和信息服务为主的产学研一体化服务外包产业基地创造了良好条件。因此在 2012 年，大连软件园入园企业数量约 650 家，包括惠普、埃森哲、松下、索尼、日立、NTT、Oracle、AVAYA、NEC、Fidelity、BT 等 48 家世界 500 强企业，是大型跨国公司在中国设立区域服务支持中心和共享服务中心的首选目的地。② 并且同年软件园销售收入达到 506 亿元，软件和信息服务出口达到 18 亿美元，成为大连软件和信息服务业的支柱园区。大连也成为国内外业界认可的中国软件及信息服务业的中心城市之一。

1. 以企业为主的开发理念。

在 1998 年建园之初，大连软件园的开发主体就定位为大连软件园股份有限公司。该公司负责软件园的基础设施建设、环境建设、招商引资、产业服务和园区综合管理，实质上就是民办软件园。而大连市人民政府所属部门则在宏观指导、制定政策、招商引资及软件园服务体系建设等方面给予帮助。

2. 交通及通信条件非常便利。

大连软件园交通便利，往北通向规划中的新机场，往南连接旅顺中路和旅顺南路，往西是直通西郊森林公园的前黄路，西北出入沈大高速公路延长线，另外与旅顺北路、明珠路两条快速路主城区相连，并且未来地铁 4 号线还将直通园区中心，整体实现了与机场、港口、车站、市中心的快速连接。

大连软件园内汇集了目前国内所有电信运营商的光纤骨干线路和大连通信公司的铜线电话电缆资源，能够提供包括固话、IP 长话、各种类型数据通信服务、宽带网络应用以及移动通信服务等各种通信服务。其中，中国网通

---

① 众多优势加速发展大连软件出口概况 [N/OL]．（2012－06－15）．http：//soft. chinabyte. com/324/12358824. shtml.

② 大连软件园 [EB/OL]．http：//baike. baidu. com/link？url＝AAI6bd1wLuuSG＿MUrUwlCA71 rRVoqy5f3RItK1LT5j8yd2mKEkfAFr9a2YONDvXy6cVmRG4oX86fSx7GO28T8K.

公司的东北数据交换枢纽和 IDC 数据中心机房设置在园区，园区骨干网络带宽达到 40G，高速路由交换设备容量高达 320G，企业专线可直达日本。①

3. 充足的人力资源。

大连软件园充分利用周边的高校资源，例如，大连理工大学的科研能力、东软信息学院的实操能力、东北财经大学在财经管理类的人才培养能力、大连海事大学和大连交通大学的行业领先优势、大连外国语学院的日语人才优势等，与园内的企业充分互动，强化了大连的人才优势。除此之外，2000 年大连软件园与东软集团共同投资成立了"东软信息学院"，已经成为规模最大的、培养特色鲜明的软件学院。除了对专门的软件学院的投资外，针对入园企业的需求，大连软件园提供了从人力资源信息调研、咨询、规划到派遣的一系列由浅入深的服务，打造了一个开放的培训公共平台，面向企业、合作伙伴、学员提供一个完整的人才服务链条。如根据产业的要求设立专门的培训机构和企业定制培训服务，并捆绑知名的培训及综合人力资源服务机构，针对园区客户需求进行大学后基础人才及中高级人才进行职业化培训、招聘、人事等全方位的人力资源服务等。

3.2.4 苏州：注重创新的服务外包核心城市

苏州，是我国改革开放历程中中国民营经济的前沿阵地。苏州市的服务外包产业起步于 20 世纪 90 年代。从产业基础来说，苏州市是国家级信息产业基地，具有雄厚的电子信息产业背景。不仅如此，苏州市对外资企业有足够的吸引力，加之与上海市邻近，受到上海这一经济龙头的市场辐射，而苏州市的商务成本又比较低，所以大量外资企业扎根苏州，为苏州市成为离岸服务外包核心城市提供了大量机遇。因此，苏州和上海已经充分利用地缘邻近的优势，相互配合，分工协作，大量服务外包企业采取"前店后厂"的模式，通过在上海市建立接包中心、在苏州市建立交付中心，在与国际市场接轨的同时又能够降低成本，这是一种独特的经营模式。同时，苏州市拥有服务外包发展所需的良好环境，包括强劲的财政支持能力，充足的专业人才，

---

① 国际产业园创新论坛［EB/OL］. 大连软件园.（2012 - 8 - 10）. http：//www.keypark.org/fhqzb/info - 5139. shtml.

开放的经济氛围，致力于建设服务型政府、能够满足企业需求的政府服务等等。

近年来，苏州市的服务外包产业发展宗旨进一步明确为"中国服务·苏州创新"。苏州市政府致力于通过政策扶持、搭建平台、促进创新、优化结构、推动集聚等措施，建设苏州市服务外包的品牌效应，在服务外包领域实现从"苏州制造"到"苏州创造"的升级。

3.2.4.1 苏州市服务外包发展现况

1. 服务外包产业发展迅速。

据统计，苏州市服务外包接包合同额和离岸接包执行额分别从 2007 年底的 3.0 亿美元和 1 亿美元增至 2012 年的 56.0 亿美元和 30.54 亿美元，2012 年同比增长分别达到 56.8% 和 51.9%，[①] 服务外包产业规模不断扩大（见图 3 – 32）。

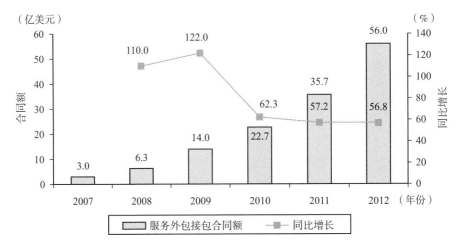

图 3 – 32 2007～2012 年苏州市服务外包接包合同额及增长

资料来源：苏州市 2012 年服务外包发展情况［N/OL］.（2013 – 05 – 28）. http：//coi. mofcom. gov. cn/article/y/qyyq/201305/20130500143477. shtml。

苏州市服务外包来源地以欧美为主，2012 年全市前六大发包国（地区）依次是美国、欧洲、日本、中国台湾、中国香港和新加坡，总计约占离岸执

---

① 苏州欲打造服务外包创新强市［N/OL］.（2013 – 07 – 06）. http：//jsnews. jschina. com. cn/system/2013/07/06/017878110. shtml.

行总额的 90% 以上。

2. 服务外包产业结构优化。

目前苏州市服务外包具有信息服务外包、业务流程外包和知识流程外包三大产业类型，初步形成了从低端到高端各环节比较完整的产业链。2012 年苏州市服务外包中 ITO、BPO、KPO 的比例约为 3.9 : 1.3 : 4.8。[①] 这说明苏州市的服务外包由之前以 ITO 为单主体，转变为以 ITO 和 KPO 为双主体，并且 BPO 发展良好的结构。

苏州市相关企业所承接的外包业务，也由最初的软件代码编写、软硬件测试等低端、低附加值的业务逐步向行业应用服务、研发设计和咨询服务等高端行业拓展。[②] 目前已经形成了服务外包产业的六大主题集聚，包括软件开发、动漫创意、工业设计、生物医药、金融数据处理和现代物流等，具体业务见表 3 - 7。可以说苏州服务外包产业目前已经全面覆盖了 ITO、BPO、KPO 领域。

表 3 - 7 苏州市服务外包业务构成

类型	内容
软件开发外包	重点对用户的运营、生产、供应链、客户关系、人力资源和财务管理、计算机辅助设计等业务进行软件开发，包括定制软件、嵌入式软件、套装软件、系统软件和软件测试等外包
动漫创意外包	重点承接国际动画加工、原创动画开发、漫画数字化应用、影视特效制作、版权推广等外包业务
工业设计外包	重点发展汽车工业设计、新能源和新材料研发设计，以及电子产品设计、芯片设计、样机研究、内置系统解决方案、工厂与工艺设计等外包
生物医药外包	重点发展医学检验技术服务、动物实验服务、药物非临床研究和评价、生物技术服务，以及新药临床试验、临床前研究、药物安全性评价、医疗器械设计研发等外包
金融数据处理外包	重点发展金融数据挖掘与分析、金融支付服务、信用分析与评级、金融衍生产品研发咨询、保险业务咨询、金融理财咨询等金融外包业务
现代物流外包	重点发展电子通信物流、化工物流、医药物流等专业物流，积极为客户提供采购、物流的整体解决方案和数据库服务

资料来源：周乃翔. 苏州发展服务外包的优势与愿景 [J]. 服务外包杂志，2012 (4)。

[①②] 苏州市 2012 年服务外包发展情况 [N/OL]. (2013 - 05 - 28). http：//coi.mofcom.gov.cn/article/y/qyyq/201305/20130500143477.shtml.

3. 企业和从业人员数量扩增。

2012 年，苏州市新增服务外包企业 397 家，同比增长 23.1%，数目从 2007 年底的 412 家，增至 2012 年的 2115 家（见图 3 - 33）。① 2007 年，有 18 家企业通过 CMM/CMMI 3 级以上的认证，而到 2012 年，这一数字增加到 92 家，其中，通过了 CMMI 5 级认证的企业有 6 家。2007 年底，苏州市没有一家企业通过 ISO27001 国际认证，但到了 2012 年，通过这一认证的企业已经达到 136 家。

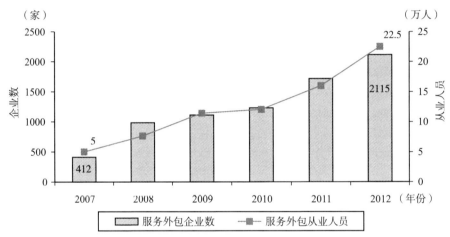

图 3 - 33　2007 ~ 2012 年苏州市服务外包企业数和从业人员数
资料来源：引自《信息产业年鉴（2013）》相关数据资料。

另外，全市服务外包从业人员也快速增长。2007 年底约有 5 万人在此行业就业，到 2012 年这一数字已超过 22.5 万人。其中，大中专以上学历约占 65%，新增受训人数超过 2.8 万人次。②

苏州市也是服务外包行业的国际平台，目前这一产业已具有较高的开放度。2012 年，世界 500 强公司在苏州市投资的有 26 家，此外，全球外包百

---

① 钱民. 全力以赴稳增长多措并举促转型——2012 年苏州市服务业运行分析 [N/OL]. (2013 - 02 - 07). http：//www.sztjj.gov.cn/SztjjGzw/sjjd/20130207/009_7b41fc45 - 9bfa - 49f9 - b642 - ab610085 bc79. htm.

② 苏州欲打造服务外包创新强市 [N/OL]. (2013 - 07 - 06). http：//finance.ifeng.com/a/ 20130706/10090203_0. shtml.

强企业和国内十大外包领军企业均在苏州市建立了服务外包企业或分支机构。被认定为技术先进型服务企业 23 家，离岸执行金额超过 1000 万美元以上的企业有丰田汽车研发中心（中国）有限公司等 24 家，7 家服务外包企业规模达千人以上。[1]

4. 服务业集聚区快速发展。

服务外包集聚区是突破资源约束瓶颈，促进服务外包集约化、节约型发展，提升和带动城市整体服务外包水平的必然选择。

苏州市的服务外包集聚是通过各类专业服务产业区实现的。从整体层面而言，苏州市被认定为国家级信息产业基地，同时也是国内服务外包专业基地最为集中的城市之一。从各类服务产业区层面而言，分工明确，专业特色鲜明，实现了服务产业的结构互补。如苏州软件园是国家火炬计划软件产业基地和"中国软件欧美出口工程"试点基地；苏州动漫产业园区是国家级动漫产业基地；苏州工业园综合保税区、张家港保税港区和苏州高新区、太仓保税物流中心（B 型）是国务院批准设立的海关特殊监管区，这些专业服务集聚区能够有力地吸引软件外包、动漫外包、物流外包企业大量进驻。当前，苏州市为了大力推动服务外包集聚，正积极推进各开发区建设特色服务外包基地，如苏州工业园区希望建成"中国模式服务外包产业第一园"；昆山花桥经济开发区希望建成"中国金融 BPO 示范区"；苏州高新区则以建成"华东地区软件服务外包中心"为目标；吴中经济开发区积极推动"中国生物医药研发高地"等。[2] 这些服务外包的集聚区将增强苏州市该行业的出口能力。

3.2.4.2 苏州市服务外包发展环境

1. 拥有便利的交通及现代通信基础。

从地理位置来讲，江苏省水陆空交通便利，四通八达，高效快捷，张家港、常熟和太仓这几个国家一类口岸增加了苏州市的地理位置优势。从经济发展水平来看，江苏省是我国经济最发达省份，苏州市又地处江苏省最发达

---

① 苏州市 2012 年服务外包发展情况［N/OL］．（2013 – 05 – 28）．http：//coi. mofcom. gov. cn/article/y/qyyq/201305/20130500143477. shtml.

② 周乃翔. 苏州发展服务外包的优势与愿景［J］．服务外包杂志，2012（4）．

的地区。苏州市信息产业的快速发展为开展离岸外包提供了有力的支撑。目前，苏州市已经建成了大容量、高速率数字传输主干网络，2011 年国际互联网用户数达到 220.53 万户，移动电话用户数 1459.50 万户（见图 3 - 34）。

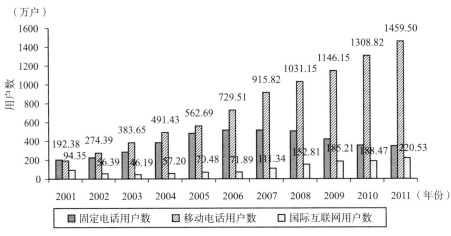

图 3 - 34 2001 ~ 2011 年苏州市通信基础情况

资料来源：国研网数据库（http：//data. drcnet. com. cn）。

2. 人力资源丰富。

服务外包是一个人力资本密集的行业。苏州市通过实施各类人才计划，引进和培养高层次人才，服务外包人才队伍不断壮大，到 2012 年底服务外包从业人数已达 22.5 万人。高等院校是人力资本的主要培养机构。苏州市拥有苏州大学、苏州科技大学等高等院校，具体院校及在校人数如图 3 - 35 所示，为苏州市发展服务外包提供了人力资本支持。

除了通过高等教育培养服务外包人才，苏州市还设立了全国首家以服务外包冠名的学院和江苏省首家民办软件技术职业学院，同时，积极吸引国内外培训机构和服务外包企业参与人才培养。苏州软件（微软技术）实训基地、SUN 华东实训基地、安博（昆山）实训基地和印度 NIIT 培训中心等一批知名培训机构相继落户苏州。

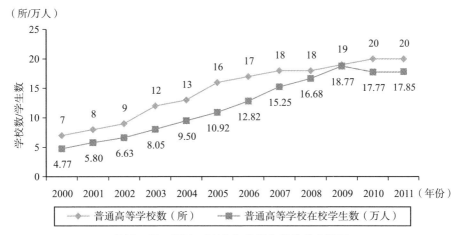

图 3 - 35　2000~2011 年苏州市高等教育情况

资料来源：国研网数据库（http：//data. drcnet. com. cn）。

3. 优厚的政策支持条件。

为了支持服务外包产业的发展，国家各部委及苏州市政府先后出台了一系列扶持政策，如《财政部、国家税务总局、商务部、科技部关于在苏州工业园区进一步做好鼓励技术先进型服务企业发展试点工作有关税收政策的通知》《财政部、国家税务总局、商务部、科技部关于在苏州工业园区进行鼓励技术先进型服务企业发展试点工作有关政策问题的通知》《关于促进苏州工业园区服务外包发展的若干意见》《关于促进苏州工业园区服务外包发展的若干意见（暂行细则)》《关于印发苏州工业园区技术先进型服务企业认定为高新技术企业的管理办法（试行）的通知》《关于加快服务外包人才培养的若干意见》等。

苏州市政府非常重视服务外包发展，专门成立了以市长为组长，三位副市长为副组长的领导小组，定期召开会议，推出一系列促进服务外包发展的政策措施，例如，《苏州市服务外包产业新三年跨越发展计划》《关于促进服务外包跨越发展的若干政策》《苏州市服务外包产业"十二五"发展规划》等，进一步加大了对服务外包产业的扶持力度。① 具体政策措施如下：

---

① 服务外包"苏州跃龙门"——专访苏州市副市长黄钦［EB/OL］.（2011－04－25）. http：//www. chinaeinet. com/article/detail. aspx？ id =1666；苏州市 2012 年服务外包发展情况［N/OL］.（2013－05－28）. http：//coi. mofcom. gov. cn/article/y/qyyq/201305/20130500143477. shtml.

（1）财政资金扶持政策。苏州市各级政府都拨出专项资金，对一些新兴服务外包领域给予资金支持，如云计算、物联网、工业设计、医药研发等。此外，还对一些为服务外包而设立的功能性机构（如落户苏州的跨国公司共享服务中心、全球交付中心、地区总部等）、大型服务外包企业（万人以上规模或离岸收入千万美元以上），以及拥有研发中心、自主外包服务品牌、国内外接发包网络的企业给予资金支持。

（2）投融资促进政策。苏州市从多方面促进对服务外包企业的投融资。第一，支持金融机构加大对服务外包企业的投资力度，鼓励以创投、担保等形式支持服务外包企业发展，并积极鼓励符合条件的服务外包企业通过资本市场筹集发展资金；第二，对扶持资金的使用加强审核及管理；第三，不断完善区域产权市场，引导社会资本积极进入服务外包领域。

（3）人才培养政策。苏州市通过以下途径积极培养服务外包人才：第一，鼓励以校企合作、校地合作等方式培养学以致用的服务外包人才；第二，增加投入，积极给予人才培训机构资金支持；第三，编制并发布苏州服务外包人才需求导向目录，出台高端人才、创新性人才、领军人才认定标准；第四，对引进的所需人才在住房、落户、办公场所提供、创业等方面给予优惠和支持。

（4）严格的知识产权保护体系。苏州市是全国率先建立独立知识产权保护局的城市。苏州市还设立了知识产权行政执法支队，承担专利和版权两大知识产权领域的行政执法职能。此外还出台了加强服务外包产业知识产权保护的政策措施，为服务外包知识产权保护营造了基础。近年来，上述政策已初见成效，苏州工业园区、苏州高新区、昆山经济技术开发区、张家港经济技术开发区、张家港保税区和昆山高新技术产业开发区被评为国家级知识产权保护试点园区，苏州高新区还获批成为首家国家知识产权服务业集聚区。

3.2.4.3 苏州市服务外包产业示范园区：苏州软件园

2001年，苏州市启动了"苏州软件园"建设于2001年。苏州软件园采用"一园多区"的发展模式，依托开发区组建，包括苏州工业园区软件园、苏高新软件园、昆山软件园、太仓软件园、吴中软件园、沧浪软件园等。高标准的基础设施和总体规划使投资商能够享受到超值的基础设施和符合国际标准的运作环境。2004 年，苏州软件园成为科技部批准建设的国家火炬计划软件产业基地。以下是一些重要软件园的发展现况。

苏州工业园区软件园坐落在风景秀丽的独墅湖岸，临水而筑，环境优美。目前已建设国际科技园 1~4 期、创意产业园、创意泵站、创投信息技术孵化器等软件和集成电路科技创新载体超过 60 万平方米，建设了集成电路设计、软件评测和知识产权保护中心等一批创新功能平台。建成了火炬计划软件产业基地、火炬计划汽车零部件产业基地、国家电子信息产业基地、国家集成电路产业园、国家动漫产业基地、中国软件欧美出口工程试点基地等 6 个国家级产业基地。[①]

苏高新软件园主要集中在苏州科技城和苏州创业园。苏州科技城作为全国首家部、省、市共建的大型科技创新基地及现代服务业重点集聚区，苏州科技城经过四年多的超前规划和 80 亿元资金投入的集中开发建设，也已成为苏州高新区软件、集成电路和信息服务外包产业的重点集聚区。

昆山软件园位于著名的阳澄湖畔，东靠巴城湖、西依阳澄湖、南临阳澄湖旅游度假区，北接苏州外环高速公路，河湖相拥，绿树环绕。园区总规划面积为 6 平方公里。昆山软件技术支撑服务机构是以建筑面积 16000 平方米的昆山软件园创业大楼为载体，并成为软件基地的主要技术支撑服务机构和企业孵化服务平台。

太仓软件园已经建设完成 16 栋软件研发楼及 2 栋中央景观商务楼，建设面积超过 15 万平方米。软件园区环境配套建设，现已完成道路、绿化、路灯、喷泉、展厅等配套工程建设，园区建设已初具规模。

吴中软件园自开园以来，十分注重引进和培育软件企业。目前，吴中软件园入驻软件类企业 50 家左右，孵化场地面积已逾 6000 平方米，初步形成了集聚效应。

沧浪软件园占地 8000 平方米，总投资超过 1700 万元，内设中心计算机房、局域网、多功能会议厅、公共区域安保监视系统、CK 报警系统等服务设施，可吸纳软件企业 60 家。

---

① 苏州工业园区. http：//www.chnsourcing.com.cn/outsourcing - park/park/park/41.html.

3.2.5 杭州:"环杭州湾的服务外包中心"

杭州，从地理位置上来讲，地处中国经济最发达的长三角南部。杭州市是国内较早着力服务外包产业的城市。2006 年，商务部授予杭州市"中国服务外包基地城市"，2009 年又被国务院列入"中国服务外包示范城市"。因与建设"全球金融中心"为战略目标的上海毗邻，杭州将金融服务外包作为发展的侧重。目前，杭州市金融服务在全国城市中排在第五位，仅在北京、上海、深圳、广州之后。目前，杭州市拥有包括花旗、汇丰、三井住友、新加坡星展等一系列金融机构，已经形成了成为金融外包交付中心城市的基本条件，为其未来进入附加值相对较高的金融外包领域奠定了良好的基础。就整体服务外包产业来说，杭州市将产品创新作为发展的突破口，将自主研发作为带动产业的核心链条。因此，杭州半数以上的软件企业都设立了自己的研发机构，一些大企业还设立了企业博士后流动站及研发中心，小企业也建立了自己的研发部。由此带来优良的投资和研发环境，吸引了众多跨国公司来到杭州市发展。

3.2.5.1 杭州市服务外包产业发展状况

1. 产业规模持续扩大。

2012 年杭州市承接服务外包合同签约额 43.01 亿美元，合同执行额 37.93 亿美元，分别同比增长 37.3% 和 67.8%。其中，离岸合同签约额 34.92 亿美元（见图 3 - 36），离岸执行额 29.36 亿美元，分别同比增长 45.0% 和 56.9%，在全国 21 个服务外包示范城市中，杭州市排名再进一位，排第五位。[①]

2. 以欧美日服务外包为主。

在 2012 年承接的离岸服务外包中，来自美国的服务外包有 12.69 亿美元，占杭州市全市离岸执行额的 42.74%；来自欧盟的服务外包有 4.1 亿美元，占全市离岸执行额的 13.91%；来自日本的服务外包有 3.8 亿美元，占全市离岸执行额的 12.72%。欧美日服务外包总计占比超过七成（参见图 3 - 37）。

---

① 杭州市服务外包离岸执行额同比增长 56.84% ［N/OL］.（2013 - 07 - 04）. http://tradein services. mofcom. gov. cn/article/news/gnxw/201307/6368. html.

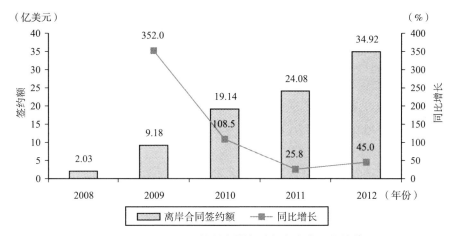

图 3-36　2008~2012 杭州市服务外包离岸合同签约情况

资料来源：杭州市 2012 年服务外包发展情况 [N/OL]. (2013-05-28). http：//coi. mofcom.
gov. cn/article/y/qyyq/201305/20130500142944. shtml。

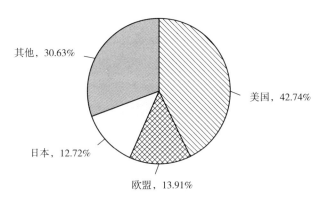

图 3-37　2012 年杭州市服务外包来源地分布情况

资料来源：杭州市 2012 年服务外包发展情况 [N/OL]. (2013-05-28). http：//coi. mofcom.
gov. cn/article/y/qyyq/201305/20130500142944. shtml。

3. 产业结构趋于高端。

在 2012 年服务外包金额中，通信研发外包为 8.25 亿美元，占 28.1%；
物联网研发为 7.4 亿美元，占全市离岸总执行额的 24.8%；金融服务外包离
岸执行额为 2.7 亿美元，占全市离岸总执行额的 9.01%。[①] 除此之外，医药

————————————

　　① 杭州市服务外包离岸执行额同比增长 56.84% [N/OL]. (2013-07-04). http：//tradein
services. mofcom. gov. cn/article/news/gnxw/201307/6368. html。

研发、文化创意、设计外包等多种形式也竞相发展。从产业分类看，信息技术外包（ITO）依然为主导，占总执行金额的比例由上年的66.14%提高到了71.47%。知识流程外包服务（KPO）占比已达26.7%。

4. 产业实现集聚。

（1）园区集聚。杭州市以培育服务外包示范园区为抓手，积极搭建产业发展载体，不断对包括示范园区建设发展在内的服务外包产业发展进行资助和扶持。到2012年底，杭州市拥有国家级服务外包示范园区2个，分别为杭州高新技术产业开发区和杭州经济技术开发区。另外杭州市还有9家省级市级服务外包示范园区。入驻企业涉及软件设计、金融研发、网络动漫、创意设计等主要行业，已产生集聚效应。2012年两个国家级示范区离岸执行额为20.9亿美元，占全市离岸执行额的70.41%。其中杭州高新技术产业开发区离岸执行额为16.12亿美元，占全市执行额的54.30%；杭州经济技术开发区离岸执行额为4.8亿美元，占全市执行额的16.11%。[①]

（2）龙头企业集聚。在杭州市服务外包企业中，有不少行业龙头，2012年杭州市服务外包企业为440家，其中离岸执行额在1000万美元以上的企业有52家，离岸执行额共24.93亿美元，占全市总额的84%，离岸执行额5000万~1亿美元企业8家，1亿美元以上企业4家[②]，分别为杭州华三通信、诺基亚西门子、道富信息科技及杭州海康威视。除此之外，2012年全年又引进了包括达内集团总部、日本永旺永乐、美国运通技术、城云科技、中地海外、海正辉瑞制药、英富进信息技术等一批知名服务外包企业。龙头企业的聚集拉动了产业规模，引领了产业发展。

3.2.5.2 杭州市服务外包发展环境

1. 交通条件与通信基础。

杭州市地处我国东南部水、陆、空交通要道，是我国重要的交通枢纽，其中萧山国际机场是国内重要干线机场、重要旅游城市机场和国际定期航班机场。图3-38是2001~2011年杭州市航空运输情况。

---

① 杭州网."创新驱动、转型升级"打造最具价值服务外包城市［N/OL］.（2013-07-03）. http：//hznews.hangzhou.com.cn/jingji/content/2013-07/03/content_4794537.htm.

② 杭州市2012年服务外包发展情况［N/OL］.（2013-05-28）. http：//coi.mofcom.gov.cn/article/y/qyyq/201305/20130500142944.shtml.

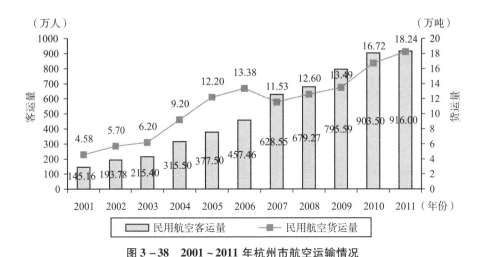

图 3 - 38　2001 ~ 2011 年杭州市航空运输情况

资料来源：国研网数据库（http：//data. drcnet. com. cn）。

杭州市的通信网络基础设施建设发展迅速。在全国实现省会城市宽带"全程全网"的过程中，杭州市较早的建成了宽带互联网络、VPN 传输专网、MSTP 传输专网、SDH 传输网络、语音传输网络，并与中国网通、中国移动、中国联通、中国铁通、中国电信实现了互联互通，具有大容量的数据出口路由。[①] 据统计，2011 年，全市移动电话用户达到 1218 万户，是 2001 年时的 6 倍，国际互联网用户 241 万户，是 2001 年时的 13 倍还多，具体如图 3 - 39 所示。

2. 人力资源。

服务外包属于智力密集型高端服务业，杭州市在重视服务外包产业发展的同时，积极支持人才培训，出台培训优惠政策，鼓励建设服务外包人才培训中心和培训联盟机构，建成了政府、企业、院校及培训机构相结合的多方位人才培养体系。

从拥有的高等院校来看，浙江大学、浙江工业大学、浙江师范大学等 38 所高等院校齐聚杭州。2011 年杭州市普通高等院校在校生达 44. 67 万人（见图 3 -40），有超过 250 个与服务外包相关的专业，如软件和计算机、集成电路、动

[①]　金芳芳. 杭州软件与信息服务外包产业 SWOT 分析与发展对策 [J]. 情报探索，2010 (1)：72 - 75.

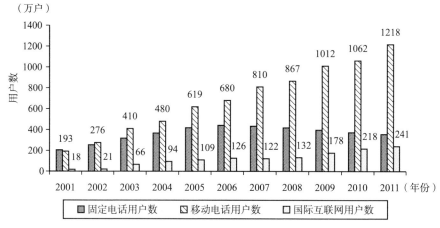

图 3 – 39　2001～2011 年杭州市通信基础情况

资料来源：国研网数据库（http：//data. drcnet. com. cn）。

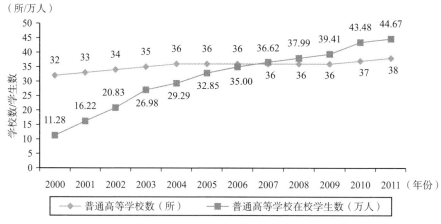

图 3 – 40　2000～2011 年杭州市人才储备情况

资料来源：国研网数据库（http：//data. drcnet. com. cn）。

漫专业等。通过专业设置、校企合作，为杭州发展软件与服务外包提供了充足的人才保障。除软件专业高等教育外，杭州市还大力发展服务外包专业人才的培训，杭师大国际服务外包教育有限公司、杭州青年专修学院、杭州达内科技有限公司等一批培训机构规模日益扩大，成为杭州服务外包人才供需的主力军和储备库。2012 年，全市培训机构积极扩大招生，累计开班 615 期，完成培训大学生 2.3 万人次，截至 2012 年底全市服务外包企业从业人员达 25.96 万人。

3. 政策支持条件。

杭州市政府从专项资金、企业认证、市场开拓、园区建设、人才培训、出口、产权保护等各方面出发，通过出台各项相关政策，积极支持服务外包发展。具体政策包括：《杭州市人民政府办公厅关于促进杭州市服务外包产业发展的若干意见》《杭州市人民政府办公厅关于促进自主出口品牌发展的指导意见》《关于进一步调整规范软件企业认定和年审工作流程的通知》《杭州市服务外包专项资金管理办法（试行）》《关于推进科技创新服务平台建设的实施办法》《关于促进创新型企业融资担保的试行办法》《杭州市人民政府办公厅关于提高知识产权创造管理保护运用能力的实施意见》和《关于加强高层次人才引进工作的若干意见》等。①

（1）优惠的税收政策。杭州市出台了《离岸服务外包业务收入免征营业税操作流程》，使扶持服务外包产业发展的政策真正落到实处。依据这项细则，2012 年杭州市已为 82 家企业办理免征营业税合同备案，免税金额 6702 万元。2009～2012 年四年共认定技术先进型服务企业 47 家，并根据财税〔2010〕65 号文件精神，对技术先进型服务企业实行所得税优惠政策。

（2）专项资金支持政策。杭州市五年来帮助企业申请国家基金累计 1.57 亿元，市级财政专项发放补助累计 2.28 亿元。帮助园区获得公共平台扶持资金。制订《杭州市服务外包公共服务平台专项资金使用办法》，规范公共平台国家资助资金使用。目前共获得服务外包公共服务平台国家资助资金 2000 万元。

（3）投融资支持政策。政府积极拓宽服务外包企业投融资渠道，引导国内外风险投资和商业担保机构参与服务外包产业的投融资和资本运作。搭建银企交流平台，促进银企沟通与协作。支持有条件的服务外包企业在境内外特别是创业板上市。

（4）人才培养政策。杭州市政府与商务部、教育部、省政府共同签署《关于共建中国服务外包人才培训中心的协议》，加强服务外包培训体系的培育，加快推进服务外包人才实训工程。

杭州市鼓励建设服务外包人才培训中心，力图建设完善的外包人才培训体系。在培训格局上，形成了培训中心、培训联盟和培训机构等政府、社会、

---

① 杭州市政府网站"中国杭州"相关新闻［EB/OL］. http：//www.hangzhou.gov.cn.

企业"三位一体"的良好格局。杭州市设立了服务外包人才培训联盟及全国首家服务外包本科院校——杭州师范大学杭州国际服务工程学院。截至 2012 年底，全市累计培训服务外包人才逾 10.81 万人，年均培训逾 1.8 万人次。

3.2.5.3 杭州市服务外包产业示范园区：杭州东部软件园

2001 年，位于杭州市中心的杭州东部软件园成立，是杭州市天堂硅谷的重要组成部分。园区实施专业化的开发、投资、管理和服务。园区的运作模式是"企业化管理、市场化运作、专业化服务、国际化道路"，将政府导向职能与企业的市场化行为有机结合，励精图治，现已发展成国内具有相当影响力的高科技聚集辐射中心。

服务外包产业是杭州东部软件园重点扶持发展的产业。事实上，园区就是服务外包产业的发展平台，主要提供以下服务：

第一，连接国际服务外包的通道。园区携手美国信必优集团（Symbio），共同打造杭州现代服务外包公共服务平台。第二，国内外服务外包的资源整合平台。园区将国内外相关资源整合到一个统一的平台上，从而能够为企业提供服务外包项目承接、发包、转包、接包、分包、信息发布、信息搜索等专业化的综合服务。第三，吸引服务外包业务的"磁石效应"。利用园区的产业辐射和影响，吸引以金融外包业务为核心的国际国内各类外包业务。第四，高科技人才公共服务平台。园区以与新加坡合作的新志向人才培训——千里马项目为载体，联合知名高校及园区内诸多知名企业，引进国际先进的理念、人才服务体系、培训体系、师资及课程，为企业的发展、人才的职业发展提供全方位的服务，[①] 成为杭州市高科技人才公共服务平台。

综上所述，杭州东部软件园通过创新服务为企业提供了一个服务外包全面合作的平台，有效地利用和整合了国内外服务外包信息、人力、技术等资源。并通过积极与国际知名软件外包服务企业合作，积累外包经验，增强杭州市服务外包的影响力，有效地实现了服务外包产业的聚集发展，使杭州成为全国服务外包的优秀示范城市。

---

① 杭州东部软件园 – 产业平台 – 服务外包［EB/OL］. http：//www. espark. net/Platform/OutsourcingServices. aspx.

3.2.6　西安：中西部最具竞争力的服务外包城市

西安，是一个综合科技实力居全国城市第三的西部中心城市；西安在航空、航天、电子、兵器、机械、光学、仪器仪表、生物医药等行业都处于领先地位。在空间技术、电子信息、机电产品等高新技术方面的优势吸引了众多国际领先的研发机构入驻。西安，又是我国西部的教育文化中心，是我国重点高等院校最为集中的城市之一，在校学生人数位居第三，仅次于北京和上海。因此，先是一个人力资本非常丰富、科研实力雄厚的城市。除此而外，西安的基础设施建设完备，但土地及商务成本普遍低于北京、上海，甚至其他东部沿海城市。因此，大量服务外包企业尽管在一线城市设立总部开展接包业务，但却将西安作为具体实施的外包交付中心，使西安成为具有独特优势的服务外包中心城市之一，被 IDC 评为"理想的全球服务外包实施地"，并跻身"全球服务外包城市前 100 强"之列。

2001 年以来，西安市一直是我国发展软件产业、软件出口的重要基地。2006 年，商务部将西安市认定为"中国服务外包基地城市"。2009 年国务院又将西安认定为"中国服务外包示范城市"。2012 年，西安市在中国服务外包城市投资满意度排名中位于第二位。由第六届全球外包大会举办的"2013年度中国服务外包风采城市评选颁奖仪式"上，西安市被评为"中国服务外包中西部最具竞争力城市"。①

3.2.6.1　西安市服务外包产业发展状况

（1）服务外包增长明显。2012 年西安市服务外包产业保持较快增长。服务外包签约金额同比增长 40.5%，执行金额同比增长 37.9%，其中离岸业务合同金额同比负增长 2.4%，执行金额同比增长 6.2%。2007～2012 年，西安市服务外包业务合同金额从 1.13 亿美元增长到 5.45 亿美元，增长了近 5 倍，发展势头强劲。②

---

① 服务外包促进结构转型升级——西安服务外包产业发展侧记 ［N/OL］. （2013 – 08 – 01）. http：//www. sxdaily. com. cn/n/2013/0801/c266 – 5190394. html.

② 西安市 2012 年服务外包发展情况 ［N/OL］. （2013 – 05 – 28）. http：//coi. mofcom. gov. cn/article/y/qyyq/201305/20130500143466. shtml.

（2）服务外包业务来源广泛。2012 年西安市服务外包直接离岸市场已涉及 48 个国家和地区。前五大主要来源地依次为新加坡、北美、日本、德国和中国香港地区，其中新加坡占比约为 40%[①]，位居首位。

（3）服务外包业务结构升级。西安市聚集了大量服务外包企业的研发中心，因此服务外包业务中，附加值较高的 KPO 业务增长迅速。商务部数据显示，2012 年西安市 KPO 占比达 26.75%，明显高于 BPO 业务，且高于全国平均水平约 6 个百分点。[②] 西安市服务外包的业务内容包括：软件服务外包、研发设计外包、金融服务外包、文化创意、旅游服务外包等为核心的知识外包。

（4）服务外包集聚优势明显。目前，西安市已经形成了"一核六区"的外包示范园发展格局，即以高新区为核心，此外还有经开区、航天基地、航空基地、国际港务区、碑林动漫、浐灞生态区等七大服务外包示范园区。在此格局的基础上，西安市注重这七个园区的专业化集群建设，例如，高新区建设软件服务外包产业集群、经开区建设云服务外包产业集群、航天基地则是以卫星技术为支撑的软件开发产业集群、航空基地形成航空研发设计产业集群、国际港务区形成现代商贸物流产业集群、碑林区形成动漫游戏产业集群、浐灞区形成金融服务产业集群。这样的战略设计，使各区定位互补发展。

（5）服务外企业实力增强。2012 年，在西安市的 436 家服务外包企业中，"世界 500 强企业"有 22 家，"IAOP 全球服务外包百强企业"有 10 家，以及"2012 年中国十大服务外包领军企业"9 家，其余近 70% 的企业是充满活力的创新型中小企业。[③]

3.2.6.2　西安市服务外包发展环境

1. 交通通信基础优越。

西安市地处连通我国北方与南方、东部与西部的重要枢纽地带。公路、

---

①②　西安市 2012 年服务外包发展情况［N/OL］．（2013－05－28）．http：//coi. mofcom. gov. cn/article/y/qyyq/201305/20130500143466. shtml.

③　外包专业化国际联合会（IAOP）是一家全球性标准组织，拥有超过 110000 名的协会会员以及遍布全球的分支机构。IAOP 旨在帮助企业提高其外包业务成功率，改善外包投资收益率，并不断增加外包业务机会，是外包行业的倡导者. 数据来源：威易网－陕西日报. 西安服务外包产业发展彰显优势［N/OL］．（2013－08－22）．http：//www.weste. net/2013/8－22/93323. html.

铁路及航空运输四通八达。其中，西安航空港是中国六大航空枢纽之一，从图 3-41 可以看出，2001~2011 年，西安市的航空运输量连年增长，2011 年西安市民航客运量达 2116 万人，货运量达 17.26 万人。

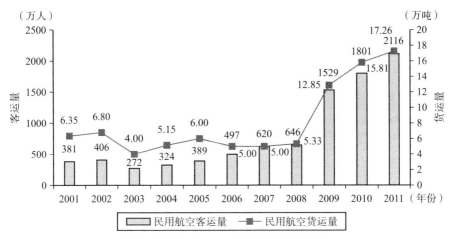

图 3-41 2001~2011 年西安市航空基础情况

资料来源：国研网数据库（http://data.drcnet.com.cn）。

西安市是中国公用计算机网络和中国多媒体信息网络在西北五省的网络核心中枢，拥有最大的网络传输线路。目前西安市已经建成了拥有光纤、数字微波、卫星、程控交换、数据与多媒体等多种通信手段在内的通信网络，能够与全国和世界各地的通信网络连接，[1] 便利了服务外包业务的发展。西安市具体的通信基础设施发展迅速，2011 年西安市移动电话用户数达到 1614 万户，国际互联网用户数达到 184 万户，具体如图 3-42 所示。

2. 丰富的人力资源基础。

2012 年，西安市服务外包从业人员 6.98 万人，新增 0.27 万人，大学以上学历人员占总人数的 65% 以上。[2] 这么丰富的服务外包人力资源基础，和西安拥有大量的高等院校、中等职业教育学校分不开。截至 2011 年，上述两类教育机构共 159 所，居全国第三，在校学生近百万人，其中高等院校 61 所，

---

① 西安——服务外包梦想起航 [N/OL]. http://epaper.comnews.cn/news-1040969.html.

② 西安市 2012 年服务外包发展情况 [N/OL]. (2013-05-28). http://coi.mofcom.gov.cn/article/y/qyyq/201305/20130500143466.shtml.

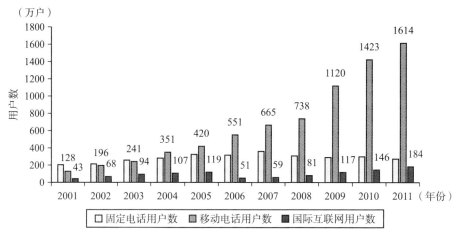

图 3 - 42　2001～2011 年西安市通信基础设施情况

资料来源：国研网数据库（http：//data. drcnet. com. cn）。

在校学生 68. 52 万人，如图 3 - 43 所示。① 同时西安还拥有各类科研及开发机构 3000 多个，其中国家级重点实验室和工程技术研究中心 186 个，各类专业技术人员 44 万人，科技人员密集度居全国之首。就软件、计算机、通信等 IT

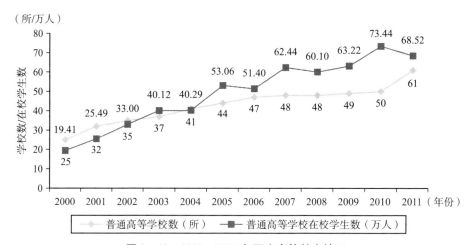

图 3 - 43　2000～2011 年西安高等教育情况

资料来源：国研网数据库（http：//data. drcnet. com. cn）。

---

① 数据来自国研网数据库的相关资料.

类专业的在校生而言，达到 15.6 万人。不仅如此，西安市生活服务健全，人才的流动率仅 8% 左右，保证了服务外包所需的高质量及稳定的人力资本来源。

3. 西安市具有低廉的商务成本。

服务外包是人力资本密集的产业。因此人力资本的成本是服务外包业务成本的重要组成部分。西安市地处我国中西部地区，薪酬水平低于东部地区，具体如表 3 – 8 所示，服务外包行业具有明显的成本优势。此外，西安的房地产价格远低于我国大量一、二线城市。低廉的商务成本，成为许多服务外包企业选择西安市设立基地的主要原因。

表 3 – 8	西安、北京、上海职工年平均工资对比		单位：元
年份	西安	北京	上海
2010	37871. 54	65682. 17	71875. 36
2011	41678. 81	75834. 61	77031. 27

资料来源：国研网数据库（http：//data. drcnet. com. cn）。

4. 西安市具有良好的政策环境。

服务外包产业是西安市的支柱产业，多年来市政府一直积极推动该行业的发展，出台了多项扶持政策，包括《关于加快发展软件服务外包产业的实施意见》《加快发展软件产业的意见》和《关于把西安高新区建设成为世界一流科技园区的若干意见》。[①] 陕西省政府又于 2012 年出台了《关于加快发展服务业的若干意见》、西安市出台了《西安市人民政府关于进一步加快发展服务业的若干意见》《西安市 2012 年软件和服务外包产业发展专项资金项目申报指南》、西安高新区出台了《西安高新区促进软件及服务外包产业发展扶持政策》等，进一步加大了对服务外包产业扶持力度。

上述政策对整合服务外包各项所需资源起到了积极作用，并推动了服务外包产业的平台建设。此外，西安市还有多项针对服务外包企业的支撑保障措施，囊括了这些企业发展所需的网络通信、办公物业等基础条件，以及人力资源供给、培训等系统化的专业服务等。具体政策如下：

---

① 西安市关于《加快发展软件服务外包产业的实施意见》［N/OL］.（2013 – 12 – 30）. http：//www. xasoftpark. com/wgqybw/yhzc/xafzc/41. htm.

（1）关于配套资金的政策。2012 年西安市共安排服务外包专项资金 10650 万元，用于鼓励软件服务外包企业的出口、国际认证、技改研发、投资促进、平台建设等方面。另外，还获得国家服务外包发展资金 1578.39 万元，主要用于企业新录用员工补助、国际认证、培训机构人才培训补助和服务外包公共服务平台建设等方面（见表 3-9）。

表 3-9　　　　**2010~2012 年西安市获得国家服务外包发展资金情况**　　　　单位：万元

年份	企业扶持资金	培训机构	平台建设	总计
2010	1965.15	223.6	500	2688.75
2011	1072.81	66.35	500	1639.16
2012	824.83	253.56	500	1578.39

资料来源：西安市 2012 年服务外包发展情况［N/OL］.（2013-05-28）. http：//coi. mofcom. gov. cn/article/y/qyyq/201305/20130500143466. shtml。

（2）关于信息安全和知识产权保护的政策。西安市深入开展国家知识产权示范城市工作，以知识产权综合能力建设为核心，进一步完善知识产权保护体系、服务体系建设，促进自主知识产权的有效运用。一是完善《西安市专利申请资助及专利奖励暂行办法》，设立专项资金 1000 万元，加大对企业专利申请特别是发明专利申请的资助力度；二是以服务外包协会为依托，建立和完善服务外包企业知识产权信誉档案，评定企业信用等级并向全社会公布，按国际惯例切实维护发包商权益；三是充分利用多种媒体，加大力度开展知识产权宣传和信息发布，在西安市知识产权网、全国知识产权局系统政府门户网站西安子站上发布最新信息安全和知识产权法规案例，加大宣传力度。

3.2.6.3　西安市服务外包产业示范园区：西安软件园

1998 年 12 月，西安软件园开始建设，并于 2001 年 9 月正式开园。开园以来，西安软件园逐渐发展成为"国家火炬计划软件产业基地""国家软件产业基地""国家软件出口基地""国家服务外包基地城市示范区"等。近年来，园区始终保持着 35% 以上的高速增长，并聚集了西安市 90% 以上的软件和信息服务企业。[①] 基于西安市 IT 人才优势、综合成本优势及有力的产业政

---

① 西安软件园聚集西安 90% 的软件和服务外包企业［N/OL］.（2012-06-12）. http：// news. xiancn. com/content/2012-06/12/content_2621159. htm.

策扶持，高新区软件和服务外包产业的竞争力快速增强，在中国外包网举办的全国21个服务外包基地城市以及近百家示范园区参加的评选中，位列"2012年度中国服务外包十强园区"第四。截至2012年底，高新区软件和服务外包产业实现营业收入788.3亿元，同比增长35.1%；服务外包出口3.81亿美元，同比增长30.93%。行业企业数量1260家，从业人员11.5万人。①那么，园区的哪些优势成就了上述竞争力呢？表3-10和表3-11从园区的基础条件和发展特色两个方面进行归纳。

表 3-10　　　　　　　　　　　园区发展的基础条件

基础条件	具体优势
教育环境	与西安交通大学、西北工业大学、西安电子科技大学、西北大学等百余所高校以及知名人力资源机构合作，搭建了专业化的人力资源培训平台
通信设施	拥有国际一流的设备、技术和设施；基础电信业务实力雄厚、发展稳健；增值电信业务竞争日趋激烈，服务领域不断拓宽，服务质量提高
交通运输	航空运输：西安是众多航空公司的总部所在地，如西北航空公司、长安航空公司和中飞通用航空公司 铁路运输：从西安通过的陇海—兰新铁路复线东起连云港，西至乌鲁木齐，连通欧亚大陆，成为第二条欧亚大陆桥。西安货站是全国特等站之一，是西北、西南地区最大的货物集散地，西安车站与沿海港口城市建立了"铁海联运"服务体系，西安火车站是我国八大特等客运站之一，西安至南京等地的铁路正在建设之中 公路运输：西安市是陕西省"米"字形干线公路网的中心。有2条国道主干线，3条西部大通道和5条国道在西安交汇，还有7条省道由西安向外辐射或环绕

表 3-11　　　　　　　　　　　园区的发展特色

园区特色	涉入领域	代表性企业
全球重要研发基地	多行业研发中心	美国 IBM、Sybase、Oracle、Emerson、Rockwell、GE、高通；德国 Infineon；法国施耐德；加拿大 Platform；日本 Fujitsu、NEC、DENSO、ABeam；台湾无敌、研华、力新；国内华为、中兴、金蝶、用友以及本土西电捷通、交大捷普、三茗科技
应用软件企业集群	装备制造、能源电力、教育、医疗及金融等领域	以协同软件、未来国际、西部世纪、美林电子、新生代、石文软件、恒生工业自动化、金蝶等为代表的500余家企业群体

① 西安软件园网 [EB/OL]. http://www.xasoftpark.com/listzw.jsp? urltype = tree. TreeTempUrl& wbtreeid = 18482.

续表

园区特色	涉入领域	代表性企业
嵌入式软件基地	手持终端、军工电子、智能仪器仪表等领域	龙旗、展讯、泰为、大唐电信、合众思壮、天和、酷派等一批领军企业
信息服务外包基地	金融、保险等领域的IT技术支持、BPO、Call Center、数据资讯服务和电子商务、电子交易等	以百胜、邓白氏、平安保险、神州数码、奥博杰天、博彦科技、软通动力、文思创新、中软国际、海辉软件、HOV、炎兴科技、博通资讯为代表

资料来源：根据西安软件园相关资料汇编而成。

3.2.7 深圳：珠三角的服务外包明珠

深圳市是中国改革开放的实验地。这个城市一开始就具有开放、包容与开拓的精神与活力，吸引了众多投资资金、高级人才的涌入，加之其毗邻港澳的区位优势，为深圳发展服务外包提供了得天独厚的条件。2007年，深圳将服务外包产业作为重点扶植的现代服务业部门。深圳市也是第一批由商务部认定的服务外包示范城市之一。目前，软件外包已经发展为深圳市服务外包产业的支柱，形成了"香港接包，深圳服务"的格局，离岸服务外包长足发展。

3.2.7.1 深圳市服务外包的发展状况

作为全国首批服务外包示范城市之一，2011年深圳市承接离岸服务外包合同执行额13.4亿美元，同比增长18.71%，如图3-44所示。发展至2012年，深圳目前已有服务外包企业500余家，其中离岸服务外包企业180余家。[①]

（1）具有高端业务优势。深圳服务外包业务类型以研发、运营和维护为主，包括ITO与物流、供应链管理、金融服务、数据处理为主的BPO。目前深圳承接的IT服务外包的高端环节如信息化规划、整体解决方案提供、信息系统设计服务、信息技术管理咨询和集成实施服务等，在其ITO业务收入中

---

① 关于转发深圳市经济贸易和信息化委员会印发深圳市服务外包产业发展规划（2012—2015）的通知 [A/OL]. （2012-10-10）. [2012-11-16]. http：//www.szns.gov.cn/ydmh/xxgk_112440/ghjh_112455/201710/t20171013_9371543.htm.

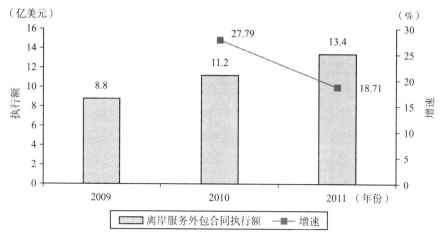

图 3 - 44 2009 ~ 2011 年深圳市离岸服务外包合同执行额及增速

资料来源：根据赛迪网相关数据整理绘制。

占比达到八成。目前全国 70% 的供应链管理型公司和近一半的工业设计企业聚集在深圳，其服务外包市场规模占到全国近 40%，[①] 金融服务外包、云外包、供应链管理服务外包、电信运营服务外包、工业设计、产品研发、创意设计等高端领域在国内优势表现突出。

（2）创新能力突出。深圳市服务外包企业在服务模式创新和解决方案创新方面一直走在国内同行业前列，以自有知识产权不断提升服务水平，服务外包企业的专利授权量逐年增加，通过国际资质认证的企业数量也逐年攀升，目前深圳通过 CMM/CMMI 5 级认证的企业达到 7 家。[②]

（3）集聚优势凸显。深圳市服务外包的集聚优势主要表现在：第一，龙头企业集聚。2011 年深圳市服务外包离岸合同执行金额超千万美元的企业有 24 家，执行合同金额 10.67 亿美元，占到全市服务外包离岸合同执行金额的 79.9%。[③]

第二，产业布局集聚。深圳市目前服务外包示范基地的挂牌园区包括深圳软件园和马家龙园区。基于既有相关产业基础，深圳按照"统筹规划、载体集聚、示范带动、协调发展"的思路，着力构建"一带四区多基地"的服

①②③ 深圳市服务外包产业发展规划（2012—2015）［A/OL］.（2012 - 10 - 10）.［2012 - 10 - 16］. http://www.szft.gov.cn/msfw/qykb/tzgg/201210/t20121016_8964377.htm.

务外包发展格局。其中,"一带"即沿深南大道—宝安大道服务外包集聚发展带,沿线是深圳市经济发展最为活跃的区域,也是深圳市现代服务业和其他高端产业最为聚集的区域。"四区"即罗湖、福田、南山、前海四个服务外包重点发展区域。"多基地"即多个服务外包专业化园区和集聚基地,包括信息技术外包、业务流程外包和知识流程外包三类园区。

3.2.7.2 深圳市发展服务外包的条件

1. 交通及通信条件。

深圳市是一个海边城市,拥有客运及集装箱口岸,分别为罗湖口岸和盐田港;深圳市背靠广阔大陆,陆上运输干线四通八达,有陆路货运口岸皇岗口岸;深圳国际机场是我国南方重要的航空枢纽,2011 年深圳市民航货运量近 78.9 万吨,客运量 2545.0 万人(见图 3 - 45)。综上可知,深圳是我国南端最重要交通运输中心。

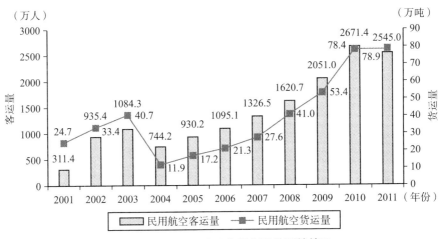

图 3 - 45 2001 ~ 2011 年深圳民航运输情况

资料来源:国研网数据库(http://data.drcnet.com.cn)。

此外,从图 3 - 46 可以看出深圳的通信及网络基础设施完善,发展迅速,为服务外包提供的优良的条件。2011 年,全市固定电话用户达到 551 万户,移动电话用户 2313 万户,国际互联网用户达到 281 万户。

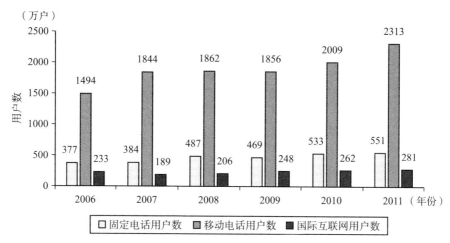

图 3 - 46　2006 ~ 2011 年深圳市通信基础情况

资料来源：国研网数据库（http：//data. drcnet. com. cn）。

2. 人力资源基础。

如图 3 - 47 所示，2011 年深圳市全市有高校 9 所，在校学生数 7 万余人，作为改革开放的窗口，政府政策的倾斜、优美的环境、开放的文化氛围以及完备的基础设施吸引了大量高素质的服务外包人才，除了本地高等学校毕业学生外，每年都有大量来自全国甚至是世界各地的高校毕业生前往深圳市就业。

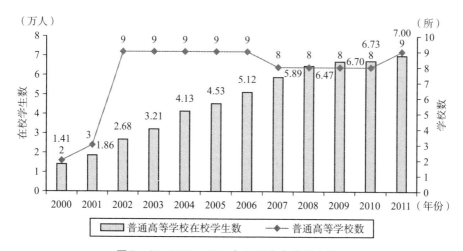

图 3 - 47　2000 ~ 2011 年深圳市高等教育情况

资料来源：国研网数据库（http：//data. drcnet. com. cn）。

3. 政策扶持条件。

深圳市曾先后制定出台了《深圳市人民政府印发关于加快深圳市服务外包发展的若干规定的通知》《中共深圳市委、深圳市人民政府关于完善区域创新体系推动高新技术产业持续快速发展的决定》《深圳市人民政府关于进一步扶持高新技术产业发展的若干规定》《深圳市关于加快高新技术产业人才队伍建设和人才引进工作的若干规定》《关于贯彻〈关于进一步扶持高新技术产业发展若干规定〉的实施办法》《关于加快服务外包产业发展的若干规定》等，通过积极落实整合现有的政策体系，将服务外包纳入现有或即将出台的金融、文化创意、软件、电子商务、物流等产业的政策支持体系中。具体政策措施如下：

（1）有关园区建设的政策措施。深圳市设立了软件产业发展专项资金，这项政策最早可以追溯到 2000～2005 年期间，每年安排 1 亿元专项资金用于对软件产业的扶持，并安排 5000 万元用于深圳软件园的建设和安排，不少于 5000 万元的科技发展基金用于软件研发。[①] 2004 年 1 月，深圳市委、市政府在《关于完善区域创新体系，推动高新技术产业持续快速发展的决定》中明确提出：深圳市财政自 2004 年至 2006 年每年安排 1.5 亿元专项经费支持软件产业发展；市政府投资 2.5 亿元兴建软件大厦；按照"一个主园，多个分园"的布局规划建设软件园，鼓励各区和社会资本兴办软件分园，加快建设国家软件出口基地，通过"厂房再造、产业置换"扩大软件和科技孵化器的空间。上述措施为深圳的服务外包产业良性发展打下了坚实的基础。

（2）企业鼓励措施。根据深圳市 2012 年出台的《关于进一步鼓励服务外包产业加快发展的若干规定》，市财政每年安排 8000 多万元资金，扶持和鼓励服务外包产业，对服务外包骨干企业给予奖励。企业当年离岸服务外包业务收入 1000 万美元以上的，分三个档次分别给予 100 万～300 万元奖励；对服务外包企业获得 CMM/CMMI、ISO27001 等国际资质认证的，给予认证费和连续两年维护费的支持；对服务外包企业参加国内外知名服务外包专业展会给予展位费、门票费用不超过 70% 的支持；对使用外贸发展资金专项贷款及获得担保的外包企业，给予贷款利息 30%、担保费 50% 的支持。服务外包企业还可以按照同一事项从优不重复的原则，申请享受深圳市支持总部经济、

---

① 深圳软件园［EB/OL］. http：//www.chnsourcing.com.cn/outsourcing－park/park/park/20.html.

中小企业、战略性新兴产业、金融业、现代物流业、文化产业、科技研发、创新人才和高层次人才奖励、改制上市、境外投资等方面规定的优惠政策。[①]

（3）人才支持政策。深圳市对获得国家服务外包人才培训专项资金支持的企业，按国家核准的人员数量，给予每人 2500 元的定额支持；培训机构获得国家服务外包人才培训专项资金支持的，按国家核准的人员数量，给予每人 500 元定额支持；对服务外包企业技术和管理骨干参加高级人才培训班，给予最高 10 万元的支持；对国内外知名企业、专业培训机构新设立服务外包人才培训机构，培训规模达 500 人的，给予 100 万元支持。[②]

3.2.7.3 深圳市服务外包产业示范园区：深圳软件园

2001 年 12 月，科技部将深圳软件园确定为"国家火炬计划软件产业基地"。不仅如此，深圳软件园还被认定为"国家软件出口基地"和"国家集成电路设计产业化基地"。深圳软件园目前已经是我国重要的软件产品研发基地、软件企业孵化基地、软件产品出口基地、软件人才培养基地和国际软件技术合作基地。深圳软件园以国家软件出口基地建设为契机，通过制定切实可行的软件出口基地建设实施方案；积极协调政府相关部门，加大对出口基地建设支持力度。多年来，深圳软件园作为政府创建的软件服务业发展平台，在全国软件行业已具有重要的领导地位。深圳软件园的发展经验可以归纳如下：

（1）积极推进软件人才培养。深圳软件园通过联合国内知名软件学院建立有效的校企互动机制，加快推动软件学院与园区骨干软件企业紧密结合，大力推广适应软件产业发展需要的新型人才培养模式。为解决软件外包高端人才短缺，软件园一方面积极启动中印软件人才培训项目，另一方面通过引进合作等方式，引进专业培训机构，扩大软件人才培养规模，建立有效的人才供应渠道，突破人才瓶颈制约。

（2）扶持龙头企业。软件园积极推动有竞争力的龙头企业开拓国际市

---

① 摘录自《关于进一步鼓励服务外包产业加快发展的若干规定》及广东省商务厅网站转载的《深圳特区报》报道《深圳成全球服务外包企业聚集地》. http：//www. gddoftec. gov. cn/detail. asp? channalid = 1015&contentid = 14050.

② 深圳成全球服务外包企业聚集地 ［N/OL］. http：//www. gddoftec. gov. cn/detail. asp? channalid = 1015&contentid = 14050.

场，扩大软件出口。通过与国际信息产业领域的知名企业合资、合作，以建设先进基础设施为基础，联手国内外远程协同开发平台，积极推动园区条件成熟的领袖型公司建立海外软件分支机构，开展海外营销，开拓国际市场，实现园区软件外包的国际化。比如，园区与印度 ZenSa 公司合作成立了"深圳软件园离岸开发中心"，目前已经形成统一对外承接项目开发的实力形象和品牌，提高了软件园企业参与国际软件外包和出口的竞争力。[1]

（3）企业集聚效应显现。深圳软件园产业聚集优势和规模效应显著。全市的软件收入中，超过 80% 的比例来自园区企业的软件收入。[2] 一批以软件外包、出口和委托 IC 设计加工为主的软件企业集聚深圳软件园。

（4）企业认证经验。深圳软件园积极鼓励企业进行 ISO9000 系列和 CMM 认证。园区对企业积极开展 ISO9000 系列及 CMM 认证培训工作。截至 2008 年，深圳软件园有 40 家软件企业通过了 ISO9000 认证，3 家企业通过了 CMM 2 级认证，1 家企业通过 CMM 3 级认证，1 家企业通过 CMM 4 级认证。[3]

---

[1]　文楠. 全国首家离岸软件开发中心落户深圳［N/OL］.（2003 - 03 - 06）. http：//www. mof com. gov. cn/article/resume/n/200303/20030300073232. shtml.

[2][3]　中国服务外包网［EB/OL］. http：//chinasourcing. mofcom. gov. cn/sz/c/2008 - 06 - 28/16978. shtml.

第4章

我国服务外包集聚的劳动生产率效应研究：理论模型及实证检验

20 世纪 90 年代中期以来，随着世界分工在服务领域的深化，以及信息技术革命、经济全球化和市场竞争加剧的共同推动下，服务外包在世界范围内蓬勃发展，使全球生产组织方式和国际分工格局发生了深刻变化。对于发展中国家经济战略选择而言，服务外包及其国际化具有重要意义。印度过去十几年在软件和服务外包领域不同寻常的表现，显示了承接国际服务外包与经济发展战略调整相结合，能够对一个大国政治经济原有均衡态势的改变产生杠杆作用。① 通过优惠政策吸引国内外公司在特定区域内集聚，是印度发展服务外包的重要经验之一，印度 IT 外包企业主要分布在孟买、班加罗尔、新德里等 7 个城市或城市带，有"印度硅谷"之称的班加罗尔是最典型代表，拥有 Infosys、TATA、Stayam 和 Wipro 等大量软件外包公司，形成了明显的产业集聚效应，其软件出口占据印度软件出口总额的一半左右。

---

① 卢峰. 我国承接国际服务外包问题研究 [J]. 经济研究, 2007（9）：49.

以服务外包为切入点，通过集聚形成了现代服务业的国际竞争力，印度的经验为后起国家结构调整与经济转型提供了新的路径选择和有益的借鉴模式。

为了在新一轮世界产业结构调整浪潮中以较低成本促进产业升级、转变经济增长方式、寻找新的外贸增长点，我国也高度重视服务外包产业的发展。从"十一五"规划纲要、2006年商务部"千百十工程"到2007年国务院7号文件，都积极鼓励承接国际服务外包，提出"把承接国际服务外包作为扩大服务贸易的重点"。并且在"十二五"规划纲要中又特别提出"大力发展服务外包，建设若干服务外包基地"。政策的积极效应已经显现，据商务部统计数据，2009年我国承接国际服务外包合同执行金额同比增长152%，达到109亿美元；到2011年，我国已成为仅次于印度的全球第二大服务外包承接国，离岸服务外包执行金额达238.3亿美元，占到全球市场的23.2%。另外，从空间发展上看，我国已形成了以21个服务外包示范城市为基础的长三角、珠三角及环渤海地区三大服务外包基地，这表明我国服务外包产业已进入集群化发展阶段。这些外包示范城市往往地理位置优越，市场开放程度较高，有优良的基础设施，并且聚集了大量的高等院校，具有丰富的人力资源，这些都是发展服务外包所必需的要素，因此大量的外包企业云集这些城市的服务外包园区，如表4-1所示。

表4-1 主要服务外包示范城市外包企业集聚情况

城市	园区名称	企业数	代表企业
北京	中关村软件园	300家	文思创新、软通动力、博彦等
天津	天津经济技术开发区外包示范园	N/A	中星微、华信、渣打银行、腾讯、光大银行等
上海	漕河泾开发区	138家	欧特克、文思创新、万达、英迈国际、CDP集团等
大连	大连软件园	200多家	Genpact、IBM、HP、埃哲森、松下、索尼、日立、NTT、NCR、Oracle、NEC、Fidelity、瑞穗银行等
成都	成都高新区	36家	阿里巴巴、雅高、京东世纪等
济南	齐鲁软件园	70多家	NEC、日立、东方道迩、浪潮、华信、中讯、凌佳等
杭州	杭州经济技术开发区	20多家	信雅达数据处理、联川生物基因测试离岸外包、易才集团呼叫中心等
苏州	苏州工业园	340余家	新宇软件、新电信息、方正国际、宏智软件、凌志软件、万国数据、三星半导体、大宇宙信息、方舟信息等

续表

城市	园区名称	企业数	代表企业
无锡	新区 iPARK 集聚园	120 家	海辉、大展、浪潮 NIIT、富士通、NTTDATA、NEC、三洋、紫光软件、华夏计算机、横新软件等

资料来源：转引自李志群，刘亚军，胡景岩. 中国服务外包发展报告（2009）［M］. 上海：上海交通大学出版社，2009。

从技术及要素禀赋方面看，目前我国离岸服务外包生产的比较优势不强。那么，我国是否可以通过服务外包集聚改变初始比较优势状况？本章的研究希望证明：产业集聚可以通过提高劳动生产率建立比较优势，进而转化为国际竞争优势。为此，本章第 4.1 节首先从空间经济学视角，建立理论及实证模型考察促使服务业集聚的因素；之后在第 4.2 节基于里奇（Ricci，1999）和梁琦（2004）模型建立了一个理论模型，将规模报酬递增的现代服务部门引入，在不预设比较优势的条件下从理论上证明，集聚能够提高服务业劳动生产率，从而提升该服务部门的国际竞争力；最后在第 4.3 节利用 2006 ~ 2012 年我国 17 个服务外包示范城市的相关面板数据，考察了服务外包集聚对劳动生产率的效应，进一步证实了第 4.2 节中理论模型的结论。需要说明的是，鉴于我国承接离岸服务外包仍以信息技术外包（ITO）为主（占比超过 60%），业务流程外包（BPO）和知识流程外包（KPO）还处于发展初期阶段，所以上述实证是基于长三角、珠三角、环渤海及中西部 17 个服务外包示范城市[①] 2006 ~ 2012 年的 ITO 及相关数据展开的。

4.1 服务业空间集聚：基于市场潜力方程的理论与实证分析

2012 年，我国服务业现价增加值占国内生产总值（GDP）的比重上升到 45.5%，首次超过工业，自此成为 GDP 最大贡献者。2014 年，服务业增加值占 GDP 比重达到 48.2%，提前实现了"十二五"规划中 47% 的发展目标。[②]

---

① 根据数据的可获得性，本章实证研究的样本城市包括上海、苏州、无锡、杭州、武汉、南京、大连、北京、天津、西安、济南、长沙、成都、重庆、广州、深圳、合肥等。

② 结构调整迎来重要转折点 ［N］. 经济日报，2016 - 02 - 22.

并且"十二五"期间，我国服务贸易年均增长超过 13.6%，其中服务出口在全球占比达到 6.2%，稳居世界第三位。[①] 这些数据表明我国产业结构调整已经向前迈进一步，服务业发展进入了一个新阶段。但是相比世界服务业占 GDP 63% 以上的平均比重，我国服务业的发展依然滞后。在经济全球化深入发展和产业结构深刻调整的新浪潮背景下，现代服务业及服务贸易已经成为推动世界经济和贸易发展、技术创新和产业转型升级的新动力。促进我国服务业的发展，进而夯实我国服务贸易的产业基础，是保证经济协调持续发展的一个重要课题。

现代服务部门具有规模报酬递增、技术密集等特征，而产业集聚能够实现外部规模经济，促进技术外溢，同时节约信息传递、人力资源配置等交易成本。因此，产业集中可以促进专业化，其带来的集聚效应将使一些原先不具备优势的服务生产部门逐渐成长壮大（梁琦，2004；申朴等，2015）。可见，研究服务业集聚的影响因素有着十分重要的理论及实际意义。

近年来兴起的新经济地理学为我们研究服务业集聚问题提供了坚实的理论基础。新经济地理摒弃了传统贸易模型的完全竞争和不变报酬假设，在综合考虑厂商层面的规模报酬递增和运输成本等情况的基础上，揭示了人口和经济活动的地理结构和空间分布如何在向心力和离心力的作用下形成集聚，成为目前研究产业集聚方面最主流的理论。传统的新古典比较优势理论认为，在其他条件不变的情况下，如果一个地区对某类产品具有强劲的需求，该地区将成为这类产品的（净）购买者。但与此相反，新经济地理学强调需求与生产机会的交互关系：一个地区对某类制造业产品的强劲需求会转化为生产更大比例的扩张，从而导致该地区成为此类产品的净出售者。在新经济地理框架中，与本地市场相关的空间需求关联是至关重要的：厂商希望将生产集中于市场最大的地方，而家庭部门希望更接近消费品生产商，因为这里有最大的需求市场和最大的生产资料和消费品的供给市场，一个地区的经济活动水平就取决于本地区的市场潜力大小（Hanson，2005）。空间需求关联的存在诱使家庭和生产不同产品的厂商大量向某个特定地区（中心市场）集聚，通过需求拉动效应扩大市场规模，产生所谓的本地市场效应。恰如前丰田汽

---

① 中国服务贸易状况 [EB/OL]. (2016 – 05 – 10). http：//zhs. mofcom. gov. cn/orticle/Nocategory/ 201605/20160501314855. shtml.

车公司董事长奥田硕所言：我们想将工厂设在市场所在的地方。[①] 因此，长期以来，上述新经济地理的思想被广泛用于解释城市和制造业带的形成。

众所周知，服务产品差异化特征更为明显，且生产和消费一般是同时进行、不可分离的，这种特性使得服务的空间需求关联度更胜于制造业产品。那么，在促进服务产业集聚方面，本地市场效应或市场潜力能够扮演什么样的角色？在实践上，我国已于北京、上海、辽宁、天津等多个省市开展现代服务业综合试点工作，在一些划定的区域发展创新型服务平台，以推动服务产业的集聚，并产生了较好的示范带动效应。上述地区在现代服务业发展所需的市场规模、人均收入、资产质量、人才、经营管理水平、金融创新等方面都有较大优势。可以看出，市场潜力是其中一个重要的因素。因此，本节尝试将服务产品引入新经济地理模型，并基于哈里斯（Harris，1954）等的市场潜力概念，从理论和实证两方面考察我国服务业集聚与市场潜力的关系，从而为相关部门评估和制定更好的产业集聚规划，推动我国现代服务业的专业化发展提供参考。

4.1.1 相关文献回顾

经济学界早已认识到产业化与集聚存在密切的联系。米达尔（Myrdal，1957）和赫希曼（Hirschman，1958）证明产业增长与产业的地理集中度相互关联：产业化吸引大量人力和物质资本等资源集中于某一特定地区，而由此形成的集聚效应又为产业在该地区的未来增长提供持续的支撑条件。克鲁格曼（Krugman，1991）的开创性工作进一步燃起了主流经济学对经济活动空间分布问题的研究兴趣，标志着新经济地理学的开端。克鲁格曼（Krugman，1991）指出，国际间贸易模式可用于解释区域经济活动的集聚趋势，通过结合迪克希特和斯蒂格利兹（Dixit and Stiglitz，1977）的垄断竞争模型和萨缪尔森（Samuelson，1952）的运输成本所构建的两部门模型，克鲁格曼证明，如果生产要素可以自由流动，那么在运输成本、规模报酬递增和制造业份额三个因素的相互作用下，在两个产业原本均匀分布的地区将内生地演化为制

---

① Head K，Mayer T. Market Potential and the Location of Japanese Investment in the European Union [J]. Review of Economics and Statistics，2004，86（4）：959 - 972.

造业集聚的"中心"区域和农业为主的"外围"区域。维纳布尔斯（Venables，1996）表明，即使劳动力不能自由流动，上下游产业间的投入产出关联（即需求和成本关联）也会驱使厂商向中心地区集聚，无论这种关联源自部门内部还是部门间。藤田昌久等（2005）概括了新经济地理学的核心要素，强调规模经济和运输成本的互动所建立的空间需求关联促进了产业集聚。

由此可见，新经济地理学的核心思想是，由于存在规模报酬递增和运输成本的影响，市场的互动将促使追求利润最大化的厂商选址在市场潜力更大的地区进行生产，也就是说，更接近消费者（需求或后向关联）和供给者（成本或前向关联）的地方，不仅如此，工人也会被吸引到市场潜力更大的地区，因为这儿更接近消费品供应商（Ottaviano and Pinelli，2006）。这一思想源于哈里斯（Harris，1954）的市场潜力函数概念，哈里斯考察了20世纪前半叶美国的产业分布和增长，他发现，制造业增长率最高的地区集中在那些市场潜力最大的大城市，而远离全国性市场的地区（市场潜力小的地区）制造业增长率很低或几乎没有增长。后来，藤田昌久等（2005）在其新经济地理模型中将市场潜力概念给予正式化，使其再次绽放活力，被视为促进经济活动空间集聚的核心因素。

理论上的创新也激发了经济学家们对经济地理的实证研究兴趣。实证方面的文献也是以制造业为样本，主要聚焦于三个方向上。第一个系列文献考察了工资方程，检验是否临近消费和工业需求更集中的中心市场地区，工资或收入水平更高（Hanson，2005；刘修岩等，2007；范建勇、张雁，2009；Head and Mayer，2011；Liu and Meissner，2015；等等）。根据新经济地理学的理论预测，选址在靠近中心市场会降低运输成本，厂商将云集于此，产生正反馈和集聚效应，所以厂商可以支付更高的工资。这一预测获得了实证的强有力支持。第二个系列文献主要分析技术、地理因素与贸易的关系，即技术扩散的模式（全球性还是区域性？）及其对贸易得利和产业集聚等的影响，发现地理距离是影响技术溢出的重要因素，且技术溢出有很强的本地效应（Jaffe et al.，1993；Irwin and Klenow，1994；Branstetter，2001；Keller，2004；等等）。第三个系列的文献，也是与本研究关系较为密切的一组研究，检验并证实了本地市场效应，即不能由新古典比较优势理论解释的本地市场规模与产业集聚、产业结构或贸易模式的关系（Ellison and Glaeser，1997；Davis，1998；Head and Mayer，2004；Venables，2010；赵永亮，2012；等等）。既然上述相关的理论和实证文献都表明，生产差异化制造业产品的厂商由于运输成本和规模报酬递增的影响，趋向于选址在更靠近中心市场的地方，从而形成产业集聚并决定地区间的贸易模式，那么，一个很自然的问题是，新经济地理的相关理论是否也适用于服务业？这种正反馈和本地市场效应是否同样作用于服务业生产？和既有国内外文献相比，本研究的创新之处在于：将服务部门引入新经济地理的分析框架，在一个包含农产品（完全竞争和规模报酬不变）和制造业产品与服务产品（不完全竞争和规模报酬递增）的三部门模型中，对市场潜力与服务业集聚的关系给予正式化，并根据理论模型的相关预测所构建的实证方程，利用我国省际服务部门的面板数据，检验理论分析所揭示的与服务业相关的本地市场效应。

4.1.2 服务业集聚的影响因素：一个基于市场潜力视角的理论模型

本研究的理论分析基于汉森（Hanson，2005）的模型。汉森的研究以制造业为基础，主要研究经济地理与地区间工资差距的关系。与此不同的是，本研究通过引入规模报酬递增的服务部门，建立一个包含本地市场需求（市场潜力）和产业集聚的市场潜力函数，目的在于考察服务业中与本地市场相关的空间需求关联效应。

假设一个经济系统由三个部门构成：农业部门 A、制造业部门 M 和服务部门 S。A 部门在完全竞争和规模报酬不变下生产同质产品；M 部门、S 部门在规模报酬递增和垄断竞争条件下生产差异化产品。不同地区生产的农产品同质，A 部门的产品在地区之间没有贸易成本；M 部门生产差异化的产品，可在在不同地区可以进行交易，并产生运输成本；S 部门生产差异化的服务，也可在不同地区进行贸易，但与工业品贸易不同的是，服务的交易不一定产生运输成本，如某些服务外包，只需网络数据传输即可实现，但各地区市场的边界效应将使服务贸易产生交易成本。此外，物化服务的交易，或者需要生产者流动、消费者移动的服务贸易也会产生运输成本，只是与货物贸易相比，服务贸易的运输成本比较有限。卢峰（2007）认为，随着运输成本下降，服务贸易效率会提高，原因是服务合同的不完全契约特征，使充分交流更加重要，运输成本下降或者交流成本下降使交流更加充分，从而促进服务贸易更好地展开。

假设消费者的效用函数为：

$$U = C_A^{1-\mu} C_S^{\mu\gamma} C_M^{\mu(1-\gamma)}; \ 0 < \gamma < 1, \ 0 \leqslant \mu < 1 \qquad (4-1)$$

其中，C_M 代表制造业部门产品整体消费量，C_A 代表农产品的整体消费量，C_S 代表服务产品的消费量。因为我们假设 S 部门和 M 部门都生产差异化的产品，所以 μ 代表工业品和服务产品的支出占总支出的比重，其中用于服务产品消费的比例为 γ。记 σ 为差异产品的替代系数，假设制造业和服务业有大量差异的产品种类，每类产品的消费数量为 c_i，则制造业和服务业集合的 CES 效用函数为：

$$C_{MS} = \left(\sum_{i=1}^{n} c_i^{(\sigma-1)/\sigma} \right)^{\sigma/(\sigma-1)} \qquad (4-2)$$

其中，n 代表产品种类数。经济主体的总收入或总支出为 Y，则该经济的最大化问题的约束条件为：

$$P_A C_A + \sum_{i=1}^{n} p_i c_i = Y \qquad (4-3)$$

求解效用最大化问题，可得经济主体对差异化产品（工业品和服务）的需求函数为：

$$\sum_{i=1}^{n} p_i c_i = \mu_i Y$$
$$c_i = (p_i)^{-\sigma} (P_{MS})^{\sigma-1} \mu Y \qquad (4-4)$$
$$P_{MS} = \left(\sum_{i=1}^{n} p_i^{1-\sigma} \right)^{1/(1-\sigma)}$$

上式中，P_{MS} 为差异化产品集合体的价格。

我们将制造业和服务业部门生产的产品统称差异化产品。假设差异化产品部门不存在企业经营多样化行为，也不存在企业间的共谋行为。每种产品的生产所需的固定成本一样，边际成本也都相同。潜在工业品产品种类数量没有限制，任何一个企业都不会生产与其他企业完全相同的产品。这意味着一个企业生产一种产品，企业的数量等于工业产品的种类数。每个企业的技术都呈现规模报酬递增，而且劳动是唯一的投入要素。生产函数由以下形式给出：

$$l_{ij} = f + ax_{ij} \qquad (4-5)$$

其中，f、a 分别代表以劳动衡量的固定投入与边际投入，l_{ij} 代表地区 j 生产第

i 种差异化产品的劳动投入，x_{ij} 代表地区 j 第 i 种差异化产品产量。此时，地区 j 的 i 企业生产差异化产品的利润为：

$$\pi_{ij} = p_{ij}x_{ij} - (f + ax_{ij})w_{ij} \qquad (4-6)$$

每种产品的生产企业面临的需求弹性是 σ，由企业利润最大化条件可得：

$$p_{ij} = a\sigma w_{ij}/(\sigma - 1) \qquad (4-7)$$

根据垄断竞争厂商长期均衡的零利润条件（$\pi_{ij} = 0$）和式（4-7），可求出代表性厂商的产出水平为：

$$x_{ij} = (\sigma - 1)f/a \qquad (4-8)$$

将式（4-8）代入式（4-5）可得此时生产第 i 种产品的劳动投入量为 $l_{ij} = \sigma f$，地区 j 生产不同差异化产品的劳动投入总量为：

$$l_j = n_j \sigma f \qquad (4-9)$$

其中，n_j 代表地区 j 差异化产品总数。本研究的广义运输成本不仅包含运输费用，也包括各种制度费用、交易成本等。运输成本借鉴萨缪尔森的"冰山模型"，所以地区 j 生产的差异化产品 i 到达地区 k 后的售卖价格为：

$$p_{ijk} = p_{ij}e^{\tau_{jk}} \qquad (4-10)$$

其中，p_{ij} 是地区 j 生产的第 i 种产品的"离岸"价格，τ_{jk} 为广义运输成本。

由式（4-4）和式（4-8），可得经济主体对差异化产品的总支出为：

$$\sum_k \sum_i p_{ijk}c_{ijk} = n\sum_k \mu Y_k \left(\frac{a\sigma w_j}{\sigma - 1}e^{\tau}\right)^{1-\sigma} T_k^{\sigma-1} \qquad (4-11)$$

其中，c_{ijk} 代表地区 k 对地区 j 生产的第 i 种差异化品的需求量，Y_k 代表地区 k 的总收入，w_j 代表地区 j 差异化行业的劳动者工资，T_k 代表地区 k 差异化产品价格指数。且：

$$Y_k = (n_k \sigma f w_k)/\mu$$
$$T_k = \left\{ \sum_j n_j [a\sigma w_j e^{\tau_{jk}}/(\sigma - 1)]^{1-\sigma} \right\}^{1/(1-\sigma)} \qquad (4-12)$$

由于企业只能获得正常利润，没有超额利润，因此经济社会达到均衡时，有：

$$n_j \sum_k \mu Y_k [a\sigma w_j e^{\tau_{jk}}/(\sigma - 1)]^{1-\sigma} T_k^{\sigma-1} = n_j \sigma f w_j \qquad (4-13)$$

集聚可以显著地影响企业的生产成本。马歇尔（Marshall，1890）发现，集中在一起的厂商比单个孤立厂商更有效率，因为集聚能够产生外部经济效应，有助于上下游企业减少搜索原料产品的成本和交易费用，使产品生产成本显著降低。迪肯和劳埃德（Dicken and Lloyd，1990）、奇科内和霍尔（Ciccone and Hall，1996）等的研究显示，要素和技术在一个地区的空间集聚将促进本地区整体劳动生产率的提高，劳动生产率提高将降低边际生产成本，从而增加本地区生产要素的回报。服务业的集聚也能够产生类似的经济效应，申朴等（2015）将规模报酬递增的现代服务部门引入里奇（Ricci，1999）、梁琦（2004）的模型，从理论和实证上证明，服务业在某一地区的空间集聚将提升该地区（相对于其他地区）服务部门的劳动生产率。而另有研究表明，产业集聚的进一步发展过程中，会造成过度集聚，此时土地、劳动等生产要素成本的上升，地区会产生拥挤效应，从而边际成本增加，本地区生产要素回报降低（Henderson，2003；Brulhart and Mathys，2008）。基于上述研究，类似于杨格（Yang，2014），我们可以建立一个关于产业集聚密度（Agg_den）与边际生产成本间的非线性关系。因为我们的差异化产品部门同时包含制造业和服务业，所以产业集聚密度与二者均相关，我们将边际成本设定为如下形式：

$$a_j = f(Agg\_den_j) = DenM_j^{\phi_1} DenS_j^{\phi_2} \qquad (4-14)$$

其中，$DenM$ 是制造业集聚密度，$DenS$ 是服务业集聚密度，ϕ_1，$\phi_2 > 0$。将式（4-14）代入后，式（4-13）可变为：

$$n_j \sum_k \mu Y_k \left[DenM_j^{\phi_1} DenS_j^{\phi_2} \sigma w_j e^{\tau_{jk}} / (\sigma - 1) \right]^{1-\sigma} T_k^{\sigma-1} = n_j \sigma f w_j \qquad (4-15)$$

为便于进行实证分析，我们对式（4-15）两边取对数，得到如下市场潜力函数：

$$\ln DenS_j = -\frac{\phi_1}{\phi_2} \ln DenM_j + \frac{\sigma}{\phi_2(1-\sigma)} \ln w_j + \frac{1}{\phi_2(\sigma-1)} \ln \frac{\mu}{\sigma f} \left(\frac{\sigma}{\sigma-1} \right)^{1-\sigma}$$

$$+ \frac{1}{\phi_2(\sigma-1)} \ln \sum_k Y_k (T_k e^{-\tau_{jk}})^{\sigma-1} \qquad (4-16)$$

根据哈里斯（Harris，1954）和汉森（Hanson，2005），式（4-16）中 $\sum_k Y_k (T_k e^{-\tau_{jk}})^{\sigma-1}$ 即为市场潜力：所有邻近地区 k 的购买力的加权平均构成对产自地区 i 的商品和服务的潜在需求。因为市场为垄断竞争结构，从而有 $\sigma > 1$，所以，根据式（4-16）我们可以获得以下结论：一个地区的服务业集聚水平主要取决于该地区的制造业集聚水平、工资和市场潜力等因素，具体而言，服务业集聚水平与制造业集聚水平成反比，存在此消彼长的关系，

这与配第 - 克拉克定理的预测相一致；并且，服务业集聚水平与本地区的市场潜力正相关，也就是说某一地区市场潜力的大小决定了服务产品在本地的集聚程度；在其他条件不变的情况下，如果本地区的工资水平持续上升，会导致本地区服务业集聚水平的下降。

4.1.3　实证检验

4.1.3.1　实证模型设定、变量选取和数据来源

根据前述的理论分析所获得的市场潜力方程，并结合一些其他控制变量，可以设立以下计量模型，以检验上述理论预测：

$$\ln DenS_{jt} = \alpha_0 + \alpha_1 \ln DenM_{jt} + \alpha_2 \ln w_{jt} + \alpha_3 \ln mp_{jt} + X'_{jt}\varphi + u_j + \varepsilon_{jt};$$
$$j = 1, \cdots, M; \quad t = 1, \cdots, T \tag{4-17}$$

其中，$DenS_{jt}$ 表示 j 地区 t 年的服务业集聚水平，$DenM_{jt}$、w_{jt} 和 mp_{jt} 分别为制造业集聚水平、地区工资水平和本地市场潜力。X'_{jt} 是一个包含其他可能影响本地服务业集聚水平的控制变量向量，包括外商直接投资、市场开放度和教育水平等。u_j 表示不随时间变化的特定个体效应，反映未观察到的地区截面特征，如各省市资源禀赋状况、基础设施质量等。ε_{jt} 代表随机扰动。

本研究计量模型中所包含的变量定义如下：

1. 集聚水平（$DenS$ 和 $DenM$）。

衡量集聚水平的方法有很多，如赫芬达尔 - 赫希曼指数、行业集中度、空间基尼系数、区位熵、就业密度替代等方法。目前国内学者用得比较多的是区位熵，原因在于区位熵可以正确的反映产业的空间分布，而消除了地区间规模的差异。区位熵的计算公式为：

$$Den = \frac{e_{ij} \big/ \sum_i e_{ij}}{\sum_j e_{ij} \big/ \sum_i \sum_j e_{ij}}$$

在区位熵的核算中，e_{ij} 可以代表产业的产值指数，也有一些学者使用就业人数为核算对象。相对于就业指数而言，产值更能合理的反映集聚水平，故本研究采用产值作为核算对象。即 e_{ij} 代表 j 地区 i 产业的产值，$\sum_i e_{ij}$

代表整个国家 i 行业的产值，$\sum\limits_{j} e_{ij}$ 代表 j 地区的总产值，$\sum\limits_{i} \sum\limits_{j} e_{ij}$ 代表全国的总产值。

2. 市场潜力 （mp）。

市场潜力在一定程度上反映一个地区可获得的整体市场规模。现有文献使用过名义市场潜力和实际市场潜力两种测度方法，各有利弊。经过综合考虑，本研究采用名义市场潜力的度量方法。[①] 名义市场潜力的计算公式如下：

$$mp_j = \sum_{j \neq h} \frac{Y_h}{d_{jh}} + \frac{Y_j}{d_{jj}}$$

其中，Y 为地区生产总值，d_{jh} 为 j 地区到 h 地区的距离。国内学者大多采用省会城市之间的欧式直线距离。基索（Kiso，2005）认为使用两地间的旅行时间作为 d_{jh} 更为合理，但这一数据很难找到。为此本研究采用全国铁路货运距离作为对 d_{jh} 的衡量，数据来源于铁路总公司网站的相关数据。由于重庆和海南没有相关数据，我们借鉴赫林和波塞特（Hering and Poncet，2010）对我国省份距离折算指数的估计，用两省份间的欧式距离乘以折算指数（1.5）计算 d_{jh}。d_{jj} 为地区的内部距离，本研究采用刘修岩等（2007）的方程计算地区的内部距离，即 $d_{jj} = \frac{2}{3} \sqrt{area_j / \pi}$，其中 $area_j$ 为地区的面积。其他变量的定义见表 4－2。

---

① 名义市场潜力，即哈里斯（Harris，1954）意义上的市场潜力，由经过各地区与中心市场间距离贴现后的消费总支出之和构成，实际市场潜力则是经由距离和各地区供给指数双重贴现后的消费总支出之和。因为供给指数与本地工业价格指数负相关，所以被赋予"实际"的含义。从理论上看，名义市场潜力是纯粹由需求构成的市场可获得性大小的测度，而实际市场潜力因为考虑供给指数的影响而更科学，且有严谨的微观基础。但在实证分析中，估计实际市场潜力所需的（供给指数的）价格信息并不能直接观测到，现有文献基本上都是依据雷丁和维纳布尔斯（Redding and Venables，2004）的方法，借助各地区的进口和出口固定效应间接估计，加上一些其他的原因，使其估计效果并不理想。海德和梅耶（Head and Mayer，2004）发现，"理论得不偿失"（theory doesn't pay），当实证模型中包含有着坚实理论基础，充分考虑各种可能影响的实际市场潜力时，其估计参数大小和拟合优度都比包含名义市场潜力的模型要小得多。这项研究也表明名义市场潜力的表现要胜过实际市场潜力。

表 4 - 2   变量说明

变量	符号	变量说明
服务业集聚水平	DenS	用区位熵表示，取自然对数
制造业集聚水平	DenM	用区位熵表示，取自然对数
地区工资水平	w	职工平均工资，取自然对数
市场潜力	mp	本地市场潜力，即本地市场需求，取自然对数
外商直接投资	fdi	表示各地区实际使用外资额，用各年度汇率中间价格将外币折算人民币计价，取自然对数
市场开放度	openness	用地区进出口总额占其 GDP 比重衡量
教育水平	edu	用各省每万人中高等学校在校人数衡量，取自然对数

鉴于数据的连续性和可得性，本研究实证分析将选取 2003～2013 年期间我国 30 个省区市的面板数据为样本（不含港澳台地区，由于西藏地区大部分数据缺失，故也将其从样本中剔除）。数据主要来源相应年份的《中国统计年鉴》。表 4 - 3 给出了各回归变量的统计性描述。

表 4 - 3   各变量统计性描述

变量	观测值	平均值	最大值	最小值	标准差	变异系数
DenS	330	0.93655	1.756274	0.64737	0.182048	19.43818
DenM	330	1.029149	1.282776	0.496378	0.166927	16.21987
w	330	24445.3	73507.04	10397	10681.93	43.69728
mp	330	375.6389	1486.548	39.9223	257.6682	68.59467
fdi	330	3471582	22573222	16743.83	4266335	122.8931
openness	330	0.047366	0.244438	0.005427	0.05802	122.4936
edu	330	1545.555	3564.844	364.616	695.6916	45.0124

4.1.3.2 计量分析

本章应用 Stata 14.0 统计软件对式（4 - 17）进行估计，结果见表 4 - 4。在使用面板技术之前，我们首先将数据混合起来进行了 OLS 回归分析，表

4-4中模型（1）的估计结果显示，此时市场潜力对服务业的集聚有不显著的正影响，并且，除外商直接投资外，其他各变量的参数均具有预期的符号。不过，OLS方法忽视了未观察到的特定个体的截面特征，其估计的标准误可能存在严重的偏误，我们应用罗伊-泽尔纳（Roy-Zellner）方法对模型进行了可混合性检验（poolability test），由此得到的F值为7.89，在p=0.0000的显著性水平上拒绝数据可混合的虚拟假设，表明OLS分析结果是不可信的，需要借助面板技术获得可靠的参数估计结果。

表4-4 回归结果

解释变量	模型（1）OLS	模型（2）FE	模型（3）System GMM	模型（4）System GMM
$\ln DenS_{t-1}$			0.4278 *** 0.0202	0.1891 *** 0.0264
$\ln DenM$	-0.4481 *** 0.0249	-0.7581 *** 0.0266	-0.5966 *** 0.0179	-0.7228 *** 0.0321
$\ln w$	-0.0405 ** 0.0204	0.0011 0.0334	-0.1247 *** 0.0147	-0.1120 *** 0.0128
$\ln mp$	0.0061 0.0138	-0.0137 0.0223	0.1058 *** 0.0100	0.0229 *** 0.0076
$\ln fdi$	-0.0248 *** 0.0043			0.0047 * 0.0028
$openness$	1.9170 *** 0.1050			0.6628 *** 0.0755
$\ln edu$	0.0577 *** 0.0129			0.1316 *** 0.0129
Poolability test	7.89 (0.00)			
Sargan			28.87 (0.99)	27.72 (0.99)
AR (1)			-1.41 (0.16)	0.03 (0.98)
AR (2)			-0.61 (0.54)	-0.11 (0.92)

注：每个变量估计参数下方的数据为标准误，括号内的数据为对应统计量的显著性水平（p值）。*** 、** 、* 分别代表双尾检验的显著性水平小于1%、5%、10%；由于Sargan统计量检验工具变量的有效性，渐进服从χ^2分布，模型（3）和模型（4）中Sargan统计量的显著性水平均在0.99以上，如果我们拒绝"工具变量是有效的"虚拟假设，则我们犯第一类错误的概率将超过99%，这表明GMM估计中使用的工具变量是非常可靠的；AR（1）检验残差差分的一阶序列相关，AR（2）检验残差差分的二阶序列相关，二者都渐进服从标准正态分布，模型（3）和模型（4）中AR（1）和AR（2）统计量表明回归残差差分不存在一阶序列相关和二阶序列相关，因此估计结果具有一致性。

因为本章选取的是我国 30 个省区市的面板数据，所以我们首先应用固定效应方法〔FE，模型（2）〕对潜力方程（即不包含其他可能影响本地服务业集聚水平的控制变量）进行了估计，结果报告见表 4 - 4。可以发现，除了制造业集聚指数保持了预期的符号和显著性外，工资水平和市场潜力这两个变量的估计参数在统计上不具有显著性，且符号与预期完全相反。究其原因，可能是遗漏一些重要控制变量所致。如果有重要解释变量未能纳入计量模型，那就意味着它被遗漏在残差项中，造成残差与被解释变量相关，从而违反外生性的假定，这将导致估计参数是有偏和不一致的。

对比表 4 - 4 模型（3）的结果，可以进一步印证我们的上述猜测。考虑到上一期的服务业集聚水平往往会影响当期集聚程度，在模型（3）中我们引入滞后一期的服务业集聚水平以考察集聚的累积效应，记为 $\ln DenS_{t-1}$。因为涉及动态面板数据，本章选用 Arellano-Bover/Blundell-Bond 的 System GMM 估计法估计模型（3）。估计结果表明，$\ln DenS_{t-1}$ 的估计系数非常显著并有预期的正号，说明当期服务业集聚水平与滞后一期的集聚水平具有高度正相关性；并且在引入该变量后，潜力方程（4 - 17）右边三个变量的估计参数不仅有预期的符号，而且显著性水平都小于 1%。这意味着滞后一期的因变量是一个不可或缺的解释变量。

模型（4）在模型（3）的基础上进一步控制了外商直接投资、市场开放度和教育水平对服务业集聚的影响。从表 4 - 4 中模型（4）的估计结果可以看出，在引入上述三个与服务业集聚密切相关的解释变量后，市场潜力方程中三个基础变量的估计参数仍十分稳健：三个估计参数均保留了原有的符号和显著性。首先，与第 4.1.2 节的理论预测一致，市场潜力对服务业集聚存在正向促进效应，其估计系数在 1% 水平显著，说明市场潜力是诱致服务业集聚的重要向心力。因为市场潜力测度的是周边邻近地区对某一特定地区生产的产品或服务的潜在需求或购买力之和，一个地区的市场潜力越大，或市场准入性越好，厂商就会更倾向于选址在该地区生产和提供其产品或服务，进而在该地区形成制造业或服务业的集聚。依据市场潜力假说，哈里斯（Harris，1954）和藤田昌久等（2005）等解释了制造业的集聚和城市的形成，而本章的理论和实证结论均表明，市场潜力假说也同样适用于解释服务业的集聚。这也就不难理解为什么经济中心或城市群（如长三角、珠三角地带）是制造业或服务业高度集聚的区域。

其次，制造业集聚对服务业的集聚存在显著的负向关联效应，这证实了本章理论模型的第一个结论。从估计参数看，制造业集聚程度每上升 1%，将"导致"服务业集聚水平下降 0.7228 个百分点。说明我国服务业集聚和制造业集聚目前处于一种竞争性的此消彼长阶段。产业在一定程度上的集聚，会降低边际生产成本，产生正反馈效应，但如果形成过度集聚，则会产生拥挤效应，边际成本增加，一些厂商会迁出本地区，引发产业扩散。考虑服务部门后，一个地区的产业集聚密度就由制造业和服务业集聚水平共同决定。当两种产业的集聚由最初的共生逐步迈向拥挤，导致各种生产要素和资源的价格上涨，边际成本不降反升，相对而言，服务业对土地、环境等生产要素和资源的依赖程度较小，加上收入水平上升所形成的对服务产品越来越强劲的需求（服务产品的需求收入弹性要大于工业品），所以拥挤地区的服务业集聚水平会上升，制造业集聚程度则趋于下降。本章的理论和实证分析也证实了其他一些文献的"猜想"。例如，藤田昌久等（2005）认为，随着制造业集聚的进一步发展，原本制造业集聚水平高的地区产生较高的拥塞成本，本地区已经不适合制造业的集聚，制造业随之发生扩散效应，此时原来制造业高集聚的地方有可能会产生服务业的集聚。何骏（2011）通过对长三角各省市的统计数据描述分析认为，制造业集聚会拉动了服务业的发展及集聚，但随着产业的进一步发展，长三角地区经济逐步从"工业型经济"向"服务型经济"转型，产生制造业集聚与服务业集聚程度的负相关趋势。不过工资对服务业集聚有显著的负向效应，工资每增长 1%，会令集聚指数下降 0.112 个百分点。这是因为工资作为劳动力的价格，是厂商主要的生产成本，类似于拥塞成本等，是集聚的离心力。当本地区工资成本上升时，厂商或产业会向外围迁移，以避开高昂的生产成本。

最后，模型（4）中各控制变量的估计参数都非常显著，滞后一期的服务业集聚水平对当期服务业的集聚有正向推动作用，说明服务业集聚是自我强化的：厂商在更接近市场的地区生产和提供服务，而在许多服务提供商集聚的地方，进一步深化了区内生产的分工和协作，产生外部经济，从而吸引更多的服务厂商来此集聚，形成一个正反馈机制和滚雪球式的集聚效应。其他三个控制变量，即外商直接投资、市场开放度、教育水平都对服务业的集聚有正向的促进作用，这与很多学者的研究一致。相对于其他几个因素，外商直接投资对服务业集聚的影响较小。

4.1.4 结论

目前，世界经济的重心已从制造业转向服务业，服务经济成为现代经济的重要标志，在三次产业中，服务业是最大潜力所在，因此，促进服务业的持续快速发展，特别是服务业的集聚，具有重要的发展战略意义。本研究从理论和实证两个方面系统地探讨了这个问题。近些年来许多理论文献把经济活动在地理上的集中归因于规模报酬递增、运输或交易成本下降等因素引致的地区间在（制造业）产品－市场上的相互关联。我们将服务部门引入新经济地理的分析框架，建立了一个包含服务产品的市场潜力函数，发现在服务行业这一结论同样成立：市场潜力也可以解释服务业的区位选择，服务产品在某一地区的空间集聚取决于邻近地区对该服务产品的潜在需求或购买力之和。

我们还利用 2003～2013 年我国 30 个省区市的面板数据，检验了本研究的理论预测，实证结果表明：

（1）市场潜力对服务业集聚水平有显著的正向影响，可以证实市场潜力是决定服务业集聚的重要向心力，一个地区的市场潜力越大，厂商越倾向于在该地区生产和提供其服务产品，进而在该地区形成服务业的集聚。

（2）制造业集聚程度与服务业集聚水平存在显著的负相关关系，这是由于集聚的拥挤效应导致本地生产要素和资源价格上涨，厂商边际成本上升，服务业自身的属性和优势使得其对成本上升的消化能力胜过制造业，所以集聚达到一定水平后制造业会产生扩散效应，服务业集聚水平上升，形成制造业集聚与服务业集聚水平的此消彼长。

（3）工资水平上涨会对服务业集聚产生离心力作用，一个地区工资成本上升时，厂商或产业会向外围迁移，以降低其生产成本。此外，实证研究还证明服务业集聚具有自我强化和累积效应，外商直接投资、市场开放度、教育水平等都是服务业集聚向心力。

"十三五"规划中明确提出，要"开展加快发展现代服务业行动，……放宽市场准入，促进服务业优质高效发展。"并要"打破地域分割和行业垄断，着力清除市场壁垒，促进商品和要素自由有序流动、平等交换。"意在通过减少行政限制和打破政策壁垒，纠正行政干预导致的市场活动降低，推动市场一体化进程，以提高市场潜力或市场获得，促进现代服务业的集聚和大发展。显然，本研究为这一政策的制定和实施提供了强有力的理论和实证支持。各地区在制定产业政策时，首要解决的问题是如何通过良好的制度安排改善本地的要素流动性和市场准入性以提高市场潜力。在制造业集聚水平较高且遭遇产业瓶颈的地区，可以合理引导产业结构转型和升级，鼓励和促进高端制造业和现代服务业的发展，将传统制造业向经济相对欠发达的地区转移。

4.2　服务集聚与劳动生产率：一个理论模型

4.2.1　关于集聚与劳动生产率的研究

现有研究产业集聚与劳动生产率关系的文献大多聚焦于制造业部门。福格蒂和加罗法洛（Fogarty and Garofalo，1988）将集聚视为城市年龄、人口规模和就业密度的函数，利用 13 个美国大都市 1957～1977 年间的数据所进行的实证研究表明，经济活动的空间集聚能够有效促进劳动生产率的提高，城市的效率不仅取决于最优人口规模，还与其经济活动的空间布局密切相关。齐科内和霍尔（Ciccone and Hall，1996）以城市就业密度作为集聚测度指标，发现就业密度增加 1 倍大约可使劳动生产率提高 6%。此后的许多研究也得出类似结论（Ciccone，2002；Brülhart and Mathys，2008）。国内一些学者遵循上述研究思路对中国相关问题进行了探讨。范剑勇（2006）借鉴齐科内和霍尔的方法，将产业分布与劳动生产率联系起来，分析了中国各地区非农就业密度对劳动生产率的影响，发现在地级市层面 2004 年非农产业劳动生产率对其就业密度的弹性为 8.8。类似于范剑勇的研究，陈良文等（2008）利用北京街道层面的数据考察了产出密度和就业密度对劳动生产率的影响，发现劳动生产率对这些经济密度的弹性分别为 11.8 和 16.2。张海峰和姚先国（2010）利用浙江省 2004 年经济普查数据估计了集聚的雅各布外部性和马歇尔外部性对企业劳动生产率的影响，研究表明，生产率显著受益于雅各布外部性，而后者对劳动生产率没有明显的促进作用。张志强（2014）应用我国

2003～2009 年每年销售收入 500 万元以上的工业企业非平衡面板数据考察了集聚和企业异质性对企业 TFP 的影响，结论表明：马歇尔外部性、波特竞争外部性的贸易贴水对于 TFP 具有促进效应，而雅各布斯外部性的贸易贴水对企业 TFP 则具有抑制效应。

产业集聚并不仅仅局限于工业领域，随着世界产业结构调整，服务业集聚也日益受到关注，并且有少数文献从实证角度考察了服务外包对劳动生产率的影响。埃格等（Egger et al.，2006）对 12 个欧盟成员国 21 个工业行业的研究表明，长期中服务外包将导致非熟练工人劳动生产率提高。格尔克等（Görg et al.，2008）在对爱尔兰制造业部门厂商层面数据进行的考察中发现，服务外包能够显著提升出口企业的劳动生产率，但对非出口企业劳动生产率没有显著影响。阿米蒂和魏（Amiti and Wei，2009）指出，外包至少可以通过如下四个渠道促进劳动生产率的增长：静态效率收益（企业通过将低效率的生产部门外包出去来提高整体的平均劳动生产率）、结构重组、学习的外部性以及多样化效应。他们应用美国 96 个制造业部门 1992～2000 年的数据所进行的经验分析显示，服务外包对制造业部门的劳动生产率有显著的正影响，样本期间劳动生产率的增长有 10% 是由服务外包的增长推动的。刘海云和唐玲（2009）、姚战琪（2010）、姚博和魏玮（2013）等应用中国数据进行的类似研究基本上都支持上述结论。不过，上述文献侧重于从中间投入角度考察服务外包对工业部门劳动生产率的影响，而本节的研究重点则在于服务外包集聚对服务外包行业自身劳动生产率的影响。

以上卓有成效的研究提供了积极的理论基础和经验参考。总的来看，现有的集聚研究主要考察制造业集聚，涉及服务外包产业的较少。

与本研究较为密切的是里奇（Ricci，1999）及梁琦（2004）的研究，这两篇文献基于规模报酬递增、垄断竞争、贸易（运输）成本等假设，在李嘉图框架中预先设定两地比较优势状况，从理论上分析了制造业的集聚与专业化、比较优势和绝对优势的关系，并且证明：集聚会提高一个地区制造业部门中规模报酬递增行业相对于规模报酬不变行业的专业化程度；比较优势上升并不必然导致专业化程度的提高。与此不同的是，本研究将现代服务部门引入里奇和梁琦的框架，在不预设比较优势的情况下，讨论服务外包集聚如何影响行业自身劳动生产率问题。本章尝试解决如下问题：基于目前的产业结构和经济发展阶段，我国在高技术含量、高附加值的现代服务部门并不具备比较优势，如何在这种情况下发展离岸服务外包？干中学可能是一条不错的捷径，承接国际服务外包则是干中学的开端，如果这些接包企业在空间上的集聚能够促进该部门劳动生产率的提高，那么，我们可以通过集聚效应增强服务外包的专业化，这对转变我国经济和贸易增长方式、实现产业结构高级化具有积极意义。因此，本研究将考察服务外包集聚的劳动生产率效应，选取主要服务外包示范城市 2006～2012 年的面板数据进行实证分析，这样不仅可以解决未观察到的截面异质性导致的内生性问题，还可以处理联立性偏误产生的内生性（集聚的内生性问题）。

4.2.2　服务集聚对劳动生产率的影响：一个理论模型

在本部分，我们将现代服务部门引入里奇（Ricci，1999）和梁琦（2004）的模型，分析集聚对劳动生产率的影响，但本研究的不同之处在于：第一，通过引入规模报酬递增的现代服务部门，本节主要研究服务部门在某一地区的集聚对该地区服务业劳动生产率的影响，且在服务产品的贸易中不存在运输成本，而里奇和梁琦主要考察制造业集聚与制造业部门专业化、比较优势的关系，以及运输成本的变化对集聚和专业化模式的影响；第二，由于本研究意在考察服务业集聚是否能够提高该部门劳动生产率，所以并不预设地区间的比较优势状况。

假设有两个地区 $d=1,2$；生产三种产品：现代服务 S、工业制成品 M 和由规模报酬不变的完全竞争行业生产的同质性产品 A（如农产品）。S 和 M 的生产均具有规模报酬递增的特征，并存在差异化产品，令 $n_{vd}(v=S,M)$ 为地区 d 产品 S 和产品 M 的多样性数目；P_A 为产品 A 的价格，P_{iS}^d 为第 i 种 S 产品在地区 d 的价格，P_{mM}^d 为第 m 种 M 产品在地区 d 的价格。假设两地之间产品 A 和产品 M 的贸易会产生萨缪尔森所谓的冰山形式的运输成本（包含于各自价格中），即为消费一单位 A 和 M 消费者必须购买 $\tau>1$ 单位的产品 A 和产品 M；相对而言，产品 S 的贸易不存在此类运输成本，因此在行业 S 有 $\tau=1$。为简化分析，只考虑一种生产要素——劳动，总存量为 L，两地区的劳动为 L_d，且劳动的流动是自由的。

令消费者的效用函数为：
$$U_d = A_d^{1-\delta} C_{Sd}^{\delta\gamma} C_{Md}^{\delta(1-\gamma)} G_d;\ 0<\gamma<1,\ 0\leq\delta<1$$

其中，δ 为产品 S 和产品 M 在消费中所占的总份额，用于产品 S 的消费比例为 γ ［即 S 占 $\delta\gamma$ 部分，M 占 $\delta(1-\gamma)$ 部分］。记 σ 为差异产品的替代系数，A_d、C_{iSd} 和 C_{iMd} 分别为两地对产品 A、S 和 M 的消费，因此 $C_{Sd} = (\sum_{i=1}^{n_S} c_{iSd}^{(\sigma-1)/\sigma})^{\sigma/(\sigma-1)}$，$C_{Md} = (\sum_{m=1}^{n_M} c_{mMd}^{(\sigma-1)/\sigma})^{\sigma/(\sigma-1)}$。$G_d$ 是一个反映地区拥塞现象的因子，$G_d = h^{[1-L/(L-L_d)]}$，$h > 1$。拥塞的外部性反映为当 $L_d/L \to 1$ 时，地区 d 劳动过度拥挤，此时 $G_d = 0$，则消费者效用将减少，拥塞的外部性产生集聚的反作用力，即分散力；当 $L_d/L \to 0$ 时，无过度拥挤现象，此时 $G_d = 1$，消费者效用较大，产生集聚的吸引力。因此，$0 \leqslant G_d \leqslant 1$。于是，消费者在预算约束下的效用最大化问题可表述为：

$$\max\ U_d = A_d^{1-\delta} C_{Sd}^{\delta\gamma} C_{Md}^{\delta(1-\gamma)} G_d$$

$$\text{s. t. }\ P_A A_d + \sum_{i=1}^{n_S} P_{iS}^d c_{iSd} + \sum_{m=1}^{n_M} P_{mM}^d c_{mMd} = w_d + \pi_d \qquad (4-18)$$

其中，w_d 为地区 d 的工资率，π_d 为利润，均衡时 $\pi_d = 0$。

假设产品 A 在地区间可以自由贸易，因此其价格在两个地区均为 P_A。各地区产品 A 的生产函数为：$F_d^A = L_{Ad}$，即 F_d^A 对唯一的投入要素 L_{Ad} 是规模报酬不变的。由于劳动是自由流动的，因此均衡时，各地各部门的工资率均相等，为简化分析，我们假设 $w_d = 1$。

不失一般性，假定两地区在产品 v 的生产中的规模经济采用线性成本函数形式，因此生产 x 单位 v 产品的成本函数（以劳动投入来表示）为 $l_{vd} = \alpha + \beta_{vd} x_{vd}$，其中 l 为单个厂商雇佣的劳动数量，α 为固定成本，边际成本为 $\beta_{vd}(\beta_{vd} > 0)$，则地区 1 相对于地区 2 的劳动生产率可以表示为 $\beta_v = \beta_{v2}/\beta_{v1}$。在规模报酬递增的 S、M 部门，每个厂商均是某种差异产品的垄断者，因此市场结构是垄断竞争的。每种产品的生产企业面临的需求弹性是 σ，根据垄断竞争企业利润最大化条件 $MR = MC$，可得：

$$MR = p_{vd}\left(1 - \frac{1}{\sigma}\right) = MC = \beta_{vd}$$

于是有：

$$p_{vd} = \frac{\sigma\beta_{vd}}{\sigma-1} \qquad (4-19)$$

如果不存在行业进入壁垒，则垄断竞争厂商的长期均衡条件（$p = LAC$）可表示为：

$$p_{vd}x_{vd} - (\alpha + \beta_{vd}x_{vd})w_d = 0$$

从而有：

$$p_{vd}x_{vd} = \alpha + \beta_{vd}x_{vd} \tag{4-20}$$

由式（4-19）和零利润条件式（4-20）可以得到一个代表性企业的产出水平为：

$$x_{vd} = \frac{\alpha(\sigma-1)}{\beta_{vd}}, \quad \forall v = S, M; \ d = 1, 2$$

因此，

$$p_{vd}x_{vd} = \alpha\sigma \tag{4-21}$$

式（4-21）表示均衡时两地企业在劳动投入及销售额（$p_{vd}x_{vd} = l_{vd} = \alpha\sigma$）方面相同。因此地区 d 产品 v 的企业数目为：

$$n_{vd} = \frac{L_{vd}}{l_{vd}} = \frac{L_{vd}}{\alpha\sigma}, \quad \forall v = S, M; \ d = 1, 2$$

类似地，产品 v 的多样性数目 n_v 亦即生产产品 v 的企业数目：

$$n_v = \frac{L_v}{\alpha\sigma}, \ n_v = n_{v1} + n_{v2}; \quad \forall v = S, M \tag{4-22}$$

令 η_{vd} 为地区 d 产业 v 的集聚程度，$\eta_{vd} = n_{vd}/n_v = L_{vd}/L_v$。由式（4-19）以及 $\beta_v = \beta_{v2}/\beta_{v1}$，可以得到：

$$\beta_v = \frac{p_{v2}}{p_{v1}}$$

求解消费者的效用最大化问题式（4-18）可得消费者对产自地区 1 和地区 2 的服务产品 S 的需求函数为：[①]

$$x_{S1}^d = \frac{p_{S1}^{-\sigma}\delta\gamma L}{n_{S1}p_{S1}^{1-\sigma} + n_{S2}p_{S2}^{1-\sigma}} \tag{4-23}$$

$$x_{S2}^d = \frac{p_{S2}^{-\sigma}\delta\gamma L}{n_{S2}p_{S2}^{1-\sigma} + n_{S1}p_{S1}^{1-\sigma}} \tag{4-24}$$

由式（4-21）、式（4-22）、式（4-23）、式（4-24）以及 $\eta_{S1} = n_{S1}/n_S$，可得：

---

① 因为本研究重点关注的是服务产品，所以这里只写出了对服务产品的需求函数。

$$\eta_{S1}(1 - \beta_S^{\sigma-1}) = 1 \qquad\qquad (4-25)$$

令 $\Phi(\eta_{S1}, \beta_S) = \eta_{S1}(1 - \beta_S^{\sigma-1}) - 1$，则有

$$\frac{\partial \beta_S}{\partial \eta_{S1}} = -\frac{\partial \Phi/\partial \eta_{S1}}{\partial \Phi/\partial \beta_S} = \frac{1 - \beta_S^{\sigma-1}}{(\sigma-1)\beta_S^{\sigma-2}}$$

因为，$\eta_{S1} > 0$，所以由式（4-25）知 $1 - \beta_S^{\sigma-1} > 0$，又因为 $\beta > 0$，并且企业为垄断竞争结构，从而 $\sigma > 1$，所以：

$$\frac{\partial \beta_S}{\partial \eta_{S1}} > 0 \qquad\qquad (4-26)$$

式（4-26）表明，在服务产业 S 内，地区 1 相对地区 2 的劳动生产率随该产业在地区 1 的集聚程度上升而提高。[1] 因此，在具有规模报酬递增性质的现代服务部门，服务业在某一地区（如这里的地区 1）的空间集聚将提升该地区服务部门的劳动生产率。这意味着尽管地区 1 相对于地区 2 而言并不存在比较优势，但由集聚优势所产生的生产率优势将最终影响甚至决定地区 1 和地区 2 的分工和贸易模式。在实践中，我国在并不具备比较优势的情况下，力图通过大力推动服务外包基地、示范城市建设促进国际服务外包产业的发展，提升自主创新能力和国际竞争力，这一政策的出发点与本研究理论预测基本吻合。

4.3 服务外包集聚的劳动生产率效应：一个实证检验

类似于范建勇（2006）的研究，如果将投入要素 L 具体化为 $H \times N$ 与资本 K，其中 N 为单位土地面积上的（非农）劳动力数量，H 为劳动力要素的质量，K 为单位土地面积上的资本存量，那么我们可以建立如下计量方程，以检验理论模型的基本结论，即服务产业的地区集聚是否能够促进其劳动生产率的提高：

$$\ln y_{it} = \zeta + \theta R_{it} + \psi \ln k + \varphi \ln H_{it} + X_{it}'\phi + \mu_i + \varepsilon_{it},$$
$$i = 1, \cdots, M; \ t = 1, \cdots, T \qquad\qquad (4-27)$$

本节应用我国 2006~2012 年间长三角、珠三角、环渤海及中西部 17 个

---

[1] 类似的方法也可以证明这一结论对于制造业产品同样成立。

服务外包示范城市的 ITO 行业及相关面板数据进行实证分析，其中 y_{it} 表示第 i 个示范城市第 t 年 ITO 行业劳均服务产出，用以测度该行业的劳动生产率。[①] R_{it} 为测度示范城市 ITO 行业集聚程度的变量，本研究以就业密度即单位面积上的软件服务外包行业从业人员数量来衡量，在稳健性检验中我们还考虑了以区位熵（申朴、刘康兵，2015）为代理变量的效果。k 表示劳均资本存量，以各示范城市各年度城镇固定资产投资额为基础，依据吴延兵（2008）的方法计算相应年份的资本存量作为行业资本存量的代理变量。H 为人力资本，以示范城市 IT 研发人员数量作为其代理变量。X'_{it} 是一个包含其他可能影响劳动生产率的控制变量向量，包括外商直接投资 $\ln fdi$（fdi 为各城市实际利用外资额）、市场开放度 $openness$（以各示范城市出口总额占其 GDP 比重为代理变量，建立示范城市目的在于通过集聚促进服务外包出口，所以引入此变量控制开放度对服务外包生产率的影响）、研发投入 $R\&D$（各城市科学研究支出占预算支出比重）。ζ 为常数项。μ_i 表示时不变的特定个体效应，反映未观察到的特定示范城市的截面特征，如各城市的资源禀赋状况、基础设施质量等。ε_{it} 是随机扰动项。相关数据来源于 2007 ~ 2013 年的《中国信息产业年鉴》《中国城市统计年鉴》和相应年份的各示范城市统计年鉴。

本部分应用 Stata 12.0 统计软件对式（4-27）进行估计，结果见表 4-5。在使用面板技术之前，我们首先将数据混合起来进行了 OLS 回归分析，以便与面板回归结果进行比较。表 4-5 中第 1 列报告的估计结果显示，服务外包集聚对劳动生产率具有显著的正效应，其他各变量的参数均具有预期的符号，由于 OLS 估计法具有较小方差的性质，其估计的参数大多具有较高的显著性水平。不过，OLS 方法忽视了未观察到的特定个体（示范城市）的截面特征，其估计的标准误可能存在严重的偏误，我们应用罗伊－泽尔纳（Roy-Zellner）方法对模型进行了可混合性检验（poolability test），由此得到的检验统计量之值为 1.69，该统计量即使在 10% 的水平上也不具有显著性，因此拒绝可混合的虚拟假设。

---

① 服务外包包括信息技术外包（ITO）、业务流程外包（BPO）和知识流程外包（KPO），但鉴于我国服务外包业务以 ITO 为主（占比超过 60%），它能反映行业的主要情况和基本趋势，BPO 和 KPO 还处于发展初期阶段，所以本研究以 ITO 为例来研究服务外包产业集聚对其劳动生产率的影响。

表 4－5　　　　　　　　　　集聚对生产率的影响

项目	第 1 列	第 2 列	第 3 列	第 4 列	第 5 列
	OLS	Between	Within	SWAR	IMLE
常数项	11.3442 *** (1.2273)	7.9550 *** (0.9206)		6.5071 *** (0.4129)	6.7871 *** (0.5233)
R	0.2043 *** (0.0230)	0.1844 ** (0.0425)	0.1355 *** (0.0188)	0.1724 *** (0.0292)	0.1807 *** (0.0203)
ln$k$	0.5095 *** (0.0442)	0.5028 *** (0.0417)	0.4385 *** (0.0343)	0.4688 *** (0.0316)	0.4799 *** (0.0542)
ln$H$	0.2629 *** (0.0443)	0.3011 ** (0.0748)	0.2247 ** (0.0431)	0.2043 ** (0.0583)	0.1907 *** (0.0579)
lnfdi	0.1432 ** (0.0463)	0.1175 (0.1086)	−0.0544 (0.0342)	−0.0736 (0.0723)	−0.0748 (0.0689)
$openness$	0.0158 * (0.0032)	0.2854 (0.6403)	0.0019 * (0.0008)	0.0007 * (0.0003)	0.0007 (0.0005)
$R\&D$	0.2304 ** (0.1007)	0.3247 ** (0.0828)	0.3008 (0.1945)	0.1886 (0.1477)	0.2663 (0.1601)
Poolability test	1.69				
Hausman test			14.54 ***		
F test			64.33 ***		
LM/LR test				223.16 ***	126.38 ***

注：括号内的数据为标准误，显著性水平 1%、5% 和 10% 分别用 ***、** 和 * 表示。

　　组间估计法（Between）回归结果见表 4－5 第 2 列，这些数据表明，在长期中，软件服务外包的集聚对软件服务外包产业的劳动生产率具有显著的正向促进作用，集聚程度（单位面积上的软件服务外包行业从业人数）每提高 5%，劳动生产率将增加 0.1844 个百分点，且估计系数在 5% 的水平上是显著的。其他变量方面，物质资本、人力资本和 R&D 也对生产率有显著的长期促进作用，这与标准的教科书理论的预测一致，但 fdi 和开放度对劳动生产率不具有显著的长期影响。

　　组内估计法（Within）的结果反映了短期中各自变量与劳动生产率之间的关系。可以发现，无论在长期还是短期，软件服务外包的集聚都是提升该行业自身劳动生产率的重要因素，在短期中，集聚的产出弹性大小、符号与显著性都保持了长期中的模式，外包集聚程度每上升 1% 将带动劳动生产率提高 0.1355 个百分点。此外，与刘康兵等（2011）一致，*fdi* 不仅对劳动生产率没有显著的溢出效应，而且估计系数为负，说明外资活动产生了较大的负向竞争效应。*R&D* 的估计系数在长期中显著为正，但短期中不具有显著性，说明只有在相关软件服务外包企业有充分的时间调整和吸收 *R&D* 投资带来的好处时，*R&D* 才可能推动劳动生产率的提高。开放度在短期中对生产率有弱显著的促进作用。其他变量对生产力的作用模式基本上与长期相同。值得注意的是，用于检验特定个体（城市）效应显著性的 F 统计量值为 64.33，其统计显著性水平小于 1%，拒绝了未观察到的特定示范城市效应不显著的虚拟假设，从而再次证明 OLS 估计结果是有偏和不一致的。我们还在回归中加入了时间虚拟变量，以检验在给定存在特定个体效应的前提下未观察到的特定时间效应的显著性，联合的 F 检验在 10% 的水平上拒绝了时间效应的存在性。

至此我们都假定特定个体（城市）效应是固定不变的。实际上，特定个体效应也可能是随机的。第 4 列和第 5 列分别给出的是斯瓦米和阿罗拉（Swamy and Arora，1972）随机效应估计法（SWAR）和最大似然法（IMLE）的结果，其中 LM 和 LR 统计量（分别针对 SWAR 和 IMLE 估计法）表明在 1% 的水平上可以拒绝不存在随机个体效应的虚拟假设，同时也进一步提供有力证据说明特定个体效应不能忽视，必须引入实证方程中。不过，随机效应估计法所获得的数据与固定效应估计法（Within）的结果并无太大差别。我们基于固定效应（Within）和随机效应这两种模型设定的优劣进行了 Hausman 检验，其 χ^2 值为 14.54，显著性水平为 0.0005，拒绝随机效应估计法可获得一致性估计结果的虚拟假设，因此本研究倾向于接受 Within 估计法的估计结果，[①] 而这一结果完全印证了本章第 4.2 节的理论预测。

至此，可以看到，对于在以劳动力密集型产业为比较优势的中国，是否适合大力发展智力和资本密集型的国际服务外包产业的问题，本章从理论上

---

① 笔者还检验了特定个体效应与自变量相关的可能性（如由测度误差引致的相关性），根据格里利克斯和豪斯曼（Griliches and Hausman，1986），我们对变量进行不同阶数的差分，发现各种差分模式下的估计系数不存在显著差异，因此可以排除自变量的内生性。稳健性方面，本研究以文献中常用的区位熵为集聚的代理变量考察了其对劳动生产率的影响，发现影响模式不存在明显差异，说明本文实证结果具有较强的稳健性。限于篇幅，这些结果未展示在文中。

探讨了这种可行性，通过将具有规模报酬递增性质的现代服务部门引入里奇（Ricci，1999）的分析框架，并且在不预设比较优势的情况下，证明服务业在某一地区的空间集聚将提升该地区（相对于其他地区）服务部门的劳动生产率。这意味着从理论上讲，即使某一地区最初在服务产业上没有比较优势，但仍然可以通过促进服务产业的集聚形成服务部门的劳动生产率优势，进而影响甚至决定产业分工和贸易模式。

基于上述理论研究，本章还利用 2006～2012 年我国 17 个服务外包示范城市的 ITO 行业面板数据对依据理论模型建立的计量方程进行了实证检验，结果表明，在控制可能影响劳动生产率的其他变量以及未观察到的特定示范城市的截面特征后，无论在长期还是短期，服务外包的集聚程度上升对该行业自身劳动生产率都具有非常显著的正向促进作用，以实证文献中常用的区位熵作为集聚程度代理变量的稳健性检验显示，估计结果具有较强的稳健性。这证明了集聚能够提高生产专业化程度，细化并完善行业分工，令信息交流更充分，从而使服务外包企业获得外部经济效应，生产成本下降的同时提高劳动生产率。

我国在"十二五"规划中明确提出，要"大力发展服务外包，建设若干服务外包基地"，意在以示范城市为依托，大力推动服务外包产业集聚，提高服务外包企业竞争能力和国际服务外包产业发展水平，促进服务出口及其在对外贸易中的比重。显然，本研究为这一政策的制定和实施提供了强有力的理论和实证支持。

| 第 5 章 |
我国服务外包产业集聚的贸易效应研究

根据传统的贸易理论，一国应专业化生产并出口具有比较优势的产品，而进口具有比较劣势的产品。从技术及要素禀赋方面，我国服务外包生产的比较优势不够强。然而，从规模经济和市场结构方面，服务外包行业具有规模报酬递增、不完全竞争的市场结构。交易成本的存在，使得现代服务外包产业往往选择集聚模式。上一章的研究证明，服务外包产业集聚有提高劳动生产率的经济效应。其隐含的结论是，集聚效应有可能替代比较优势影响专业化分工及贸易模式，即在一些不具有比较优势的部门，集聚优势可以转化为竞争优势，从而提升该行业的国际竞争优势（Ricci，1999；梁琦，2004）。

那么在现实中，我国服务外包的集聚是否实际有效地提高了该行业的国际竞争力、促进了出口的增长？这一问题实际上是对上述理论推断的实践检验。检验结果对于在服务外包行业没有初始比较优势的发展中国家而言，有着积极的现实意义。

为此，本章第 5.1 节将建立实证模型，以 ITO 为例，基于 EC2SLS 估计法和 17 个服务外包示范城市 2006~2012 年的面板数据，考察服务外包集聚的出口增长效应，检验我国服务外包基地建设"促进服务外包出口"的政策效果。若结论是肯定的，则说明集聚效应能够创造国际竞争优势，那么通过积极鼓励集聚，建立上下游产业链，构造产业生态系统、增强外部规模经济效应，不仅是我国发展国际服务外包的一条有效路径，还是开启现代服务业发展、促进产业结构升级的一个契机。在此基础上，如何进一步构建良好的服务外包产业环境、扩大我国服务外包的产业规模？本章第 5.2 节将基于接包国视角，对显著影响服务外包出口的因素进行实证研究。

5.1　我国服务外包产业集聚的出口促进效应：基于示范城市 ITO 面板数据的 EC2SLS 估计

5.1.1　关于服务外包基地及竞争力的研究

近年来国内对于服务外包竞争力方面的研究也越来越多。从研究内容来看，主要集中于对中国服务外包竞争力影响因素的分析和服务外包竞争力指标的构建；从研究的方法来看，主要有定性经验性分析和实证分析两种。在对竞争力影响因素的分析方面，姚志毅、刘冲和李德阳（2011）的研究果表明，我国较完善的基础设施促进了服务外包产业的发展，而与产业需求相对应的专业性人才的缺乏、产业集群不完善以及企业规模较小等因素阻碍了服务外包产业的发展。于立新、陈昭和江皎（2010）采用 SWOT 分析方法对影响服务外包产业竞争力发展的各项因素进行了梳理，发现企业实力、人力资源和制度环境是制约中国服务外包产业竞争力提高的三大重要因素。刘艳（2010）通过对 26 个主要接包国面板数据的实证研究，提出劳动力成本相对较高的发展中国家在承接离岸服务外包和保证服务提供质量方面具有优势；并且经济自由度较高、人力资本禀赋较丰富、IT 基础设施水平较完善、服务业发展水平较高、官方语言或通用语言为英语的国家在承接离岸服务外包具有明显优势。林菡密和钱言（2010）以杭州市服务外包基地为研究对象，发现政府在服务外包基地城市的发展中扮演着至关重要的角色。在对竞争力的评价的研究方面，孙晓琴（2008）采用因子分析法对影响服务外包的诸因素进行甄选，得出评价服务外包承接地竞争能力的指标体系，并对全国 17 个服务外包城市的外包竞争力进行了评价。并指出提高企业自身质量是我国发展服务外包的根本出路。高觉民和刘文斌（2010）从商业因素、人力资本、基础设施和网络设施四个方面对我国 12 个服务外包基地城市进行了分析比较，提出我国应进一步扩大开放程度，完善高等教育体系，加速培养精通服务外包业务的专业人才，完善服务外包网络的基础设施建设，以提高我国服务的接包能力。王根蓓和赵晶等（2010，2011）从 2010 年开始，对于我国服务外包基地城市的竞争力进行了一系列的研究。2010 年，他们对北京等 12 个城市为代表的中国服务外包基地城市的综合与分项竞争优势进行了定量评估，确认了中国服务外包基地城市综合竞争优势的梯度分布状态。2011 年，他们对北京、上海等 14 个具有代表性的中国服务外包基地城市三年内的综合与分项的竞争优势进行了定量评估。同是 2011 年，他们还基于中国 14 个服务外包基地城市的面板数据，对中国服务外包基地城市竞争力对离岸服务外包发包方的需求决策影响程度进行了研究。

有关服务外包基地城市的研究，比较有代表性的包括：高德（Gartner）咨询公司基于中国要发展为服务外包基地国家的需要，制定了一个包括政府支持、基础设施、劳动力素质、创建新业务的成本以及文化的相容性五项评价体系；来自印度的全球服务集团（Global Service）与美国的索伦斯（Tholons）投资咨询公司共同建立了一个包括劳动力的质量与规模、商业催化因素、成本因素、基础设施因素、风险情况以及生活质量因素等 6 项指标的评价体系；科尼尔（Kearney）管理咨询公司构建了全球离岸服务目的地指数，对全球 50 个国家按照财务吸引力、人员和技能可得性和商务环境三大类别的 43 项指标进行评估；翰威特（Hewitt）人力资源管理咨询公司开发出的"五要素评估模型"；互联网数据中心（IDC）开发了全球交付指数（GDI），为发包方提供了包括资源和技能、基础设施、政府因素、交易成本等关键因素的选择标准。

上述研究在服务外包基地及竞争力方面取得了丰硕的成果。总体来看，关于服务外包国际竞争力的研究主要集中于影响因素研究，并且在所有因素中，并未将集聚作为一个重要影响因素给予关注。而对服务外包基地的研究中，大多侧重增长、就业和生产率的影响，较少考虑基地对出口增长的影响。

而事实上，服务外包集聚能够提高生产的专业化程度，促进信息充分交流，使企业获得外部经济效应，降低生产成本，提高劳动生产率，进而提高整个产业的国际竞争力。因此，本章的研究将考察服务外包集聚对出口增长的实际影响。

另外，在研究方法上，现有文献大多采用统计上的主成分、因子和聚类分析；或计量分析技术上的横截面估计法。但前者只适用于对变量进行分类或者降维分析，缺乏指导假设检验的规范理论基础；后者不能控制样本中隐含的未观察到的横截面异质性，即无法处理未观察到的横截面异质性与自变量相关的内生性问题。本章的研究将选取主要服务外包示范城市 2006～2012 年的面板数据进行实证分析，这样不仅可以解决未观察到的截面异质性导致的内生性问题，还可以处理联立性偏误产生的内生性（集聚的内生性问题）。

5.1.2　数据与变量构建

本章实证分析所使用的数据来源于 2007～2013 年的《中国信息产业年鉴》《中国城市统计年鉴》和相应年份的各示范城市统计年鉴。本研究意在以 ITO 为例分析服务外包集聚对外包出口的促进效应，因此计量模型中的被解释变量是各示范城市的 ITO 出口总额，为消除异方差性，我们对 ITO 出口额取对数，记为 $\ln EX$。实证模型中还包含以下解释变量：

1. 区位熵——服务外包集聚测度指标。

集聚通过产生外部性、知识溢出使企业受益，此外，集聚导致服务业的地区专业化分布，还能够降低交易成本，从而有利于增长。一般而言，被称为"专门化率"的区位熵可以测度某产业在一个地区的相对集聚程度（Haggett，1965），在现有文献中被广泛使用。因此本研究以区位熵作为衡量集聚程度的指标，考量其对我国服务外包出口的影响，其计算公式为 $R_{ij} = (e_{ij}/E_i)/(e_j/E)$。其中 R_{ij} 为表示 j 地区 i 产业集聚的区位熵，e_{ij} 为 j 地区 i 产业产值，本研究中为 17 个服务外包示范城市计算机与信息服务产值；e_j 为 j 地区所有产业产值，E_i 为全国 i 产业产值；E 为全国所有产业的产值。

2. IT 技术人员工资成本（$\ln wage$）。

尽管不同的发包企业会出于各种目的把不同性质的业务转包给外部的专业公司或供应商，但对低成本的追求无疑是其开展离岸外包的直接动力，这也是有关外包动因的各种解释中被广泛接受的观点。格罗斯曼等（Grossman et al.，2006）从理论上考察了外包的动因，认为利用南方国家相对廉价的劳动力以降低生产成本是跨国企业实施离岸外包战略的主要原因。巴杰帕伊（Bajpai et al.，2004）的问卷调查分析进一步支持了上述观点，其研究结果表明，降低成本和利用海外劳动力是被调查企业开展离岸服务外包（包括 ITO 和 BPO）最主要的驱动力，劳动力套利是其中最关键的考虑因素，因此，发包企业将离岸服务外包目的地首选在工资成本相对较低的印度、中国、菲律宾等国。这些文献为我们在实证模型中引入 IT 技术人员工资成本这一变量提供了理论和经验证据，并且由此可以推断，在 IT 人力资源质量一定的前提下，承接国 IT 人员工资成本越低，其信息技术外包的离岸市场规模越大。

3. 信息服务基础设施。

现代服务产品的生产与销售主要借助于通信技术，尤其是信息网络技术在全球的普及对于交流打破时空限制起到关键作用，为服务外包的出现并迅速发展提供了有利的外部条件，是外包发展的原动力和技术平台之一。信息网络技术的发展大幅度降低了交易成本，使企业经营规模扩大和市场占有率的提高更倾向于通过外包特别是离岸外包来实现；同时，信息网络技术在发展中国家催生出了许多快速灵活、生产专精的小企业网络，并成为承接离岸外包大订单的产业集群。一般而言，如果承接国的信息服务基础设施比较完善，那么在理论上该国具有发展服务外包的优势，因为基础设施完善，能够提供高效而准确地工具，便捷的联系方式和可靠的外包成果。同时，信息技术领域本身就是全球外包的主要内容，信息技术基础设施对于发展离岸 IT 外包更是必不可少。本研究以网络普及率作为信息服务基础设施这一解释变量的代理变量，衡量其对我国 ITO 出口的影响，记为 $wlpjlv$。

4. IT 研发人员数量。

这一指标用于度量 ITO 行业的人力资本水平，为避免异方差，我们对之取对数，记为 $\ln h$。ITO 是人力资本密集的行业，一个服务外包示范城市或承接国的 IT 人才储备越雄厚，对发包方的吸引力越大。例如，印度是目前世界上最大的 ITO 接包国，占全球软件外包市场 65% 的份额，很多企业之所以将印度设为 ITO 业务的首选目的地，不仅因为其 IT 人员雇佣成本相对较低，还因为印度软件工程师的能力和数量都居于世界前列。

5. 研发投入。

承接国的创新能力也是发包商选择外包服务提供商时考虑的一个重要因素，因为承接国的技术创新能力关系到外包业务是否能够达到目标，承接方完成的服务是否符合要求。印度、爱尔兰承接服务外包的实践表明，企业的自主创新能力对其接包能力具有显著的促进作用。事实上，自 20 世纪 90 年代以来，国际大型 IT 企业如 IBM、英特尔、SUN、惠普、微软、甲骨文、朗讯科技等都在中国建立了研发中心，充分利用本地的创新研发力量，这些国际知名 IT 公司的加盟，以及国内大学、科研院所、软件园等技术孵化器所形成的创新研发优势，是我国近年来软件产业和 ITO 得以迅速发展并打入国际市场的重要基础。此外，自主创新能力的提升还有助于承接方 ITO 产业结构的转型和升级，促进其从低附加值的离岸外包业务向高附加值业务方向发展。创新能力往往是通过研发投入水平反映出来，本研究以各服务外包示范城市的科学研究支出占预算支出比重测度其研发投入水平，记为 R&D。

6. 市场开放度。

长期以来我国坚定地实施对外开放政策，2001 年 12 月正式成为 WTO 成员后，与包括欧盟、美日等主要贸易伙伴在内的绝大多数国家之间的贸易均享有最惠国关税待遇，且中国的服务贸易承诺比大多数乌拉圭回合谈判成员更为宽泛，这些举措大大优化了贸易环境，降低了交易成本，吸引了大批跨国企业入驻中国，为加强国际技术合作和获得市场准入创造了条件，在很大程度上提高了国内企业承接离岸服务外包的机会。本研究以各示范城市进口总额占 GDP 比重作为市场开放度代理变量，记为 openness。

5.1.3 模型设定与估计方法

本研究应用我国 2006 ~ 2012 年间 17 个主要服务外包示范城市的面板数据分析 ITO 产业集聚的出口促进效应，根据前面的论述，建立如下计量方程：

$$\ln EX_{it} = X'_{it}\alpha + R_{it}\beta + \mu_i + \varepsilon_{it}, \quad i = 1, \cdots, N; \ t = 1, \cdots, T \qquad (5-1)$$

其中，$\ln EX_{it}$ 表示第 i 个示范城市第 t 年的软件服务外包出口的对数，R_{it} 为区位熵，X'_{it} 是一个包含了其他可能影响服务外包出口的控制变量的向量，包括 IT 技术人员工资 lnwage、市场开放度 openness、研发投入 R&D、信息服务基础设施 wlpjlv、人力资本 lnh，μ_i 表示时不变的特定个体效应，反映未观察到的特定示范城市的截面特征，ε_{it} 是随机扰动项。[①]

面板数据包含两类信息：反映组间变化（between groups）的横截面信息和反映组内变化（within groups）的时间序列信息。鉴于现有研究服务业集聚和服务外包问题的实证文献大多采用的是横截面分析技术，为了与本研究的面板数据分析进行比较，我们以式（5-1）为基础分别定义了 Between 和 Within 两种转换模型，即

$$\ln EX_{i.} = X'_{i.}\alpha + R_{i.}\beta + \mu_i + \varepsilon_{i.} \qquad (5-2)$$

和

$$\overline{\ln EX}_{it} = \overline{X}'_{it}\alpha + \overline{R}_{it}\beta + \overline{\varepsilon}_{it} \qquad (5-3)$$

在类似式（5-2）这样的 Between 转换中，数据以组均值形式来表示，如 $X'_{i.} = T^{-1}\sum_t X'_{it}$。式（5-3）中数据则以离差形式表示，即 $\overline{X}'_{it} = X'_{it} - X'_{i.}$。

基于式（5-2）的估计形成标准的横截面估计法，它试图回答这样的问题：当 (X'_{it}, R_{it}) 在组间发生变化时对 $\ln EX_{it}$ 会产生怎样的影响？式（5-2）中存在 μ_i 这一项，对任一特定个体，μ_i 不随时间而变化，但 μ_i 在不同个体间可能存在差异。如果 (X'_{it}, R_{it}) 与 μ_i 和 ε_{it} 正交，对式（5-2）应用简单的普通最小二乘法（下面简称"OLS"）可以获得无偏且一致的 α 和 β；倘若 (X'_{it}, R_{it}) 与 μ_i 是相关的，在截面数据条件下不仅 OLS 方法，而且两阶段最小二乘法（下面简称"2SLS"）等估计程序也不能获得一致的估计结果，因为 (X'_{it}, R_{it}) 的工具变量也可能与 μ_i 相关，导致工具变量集无效。

相比较而言，Within 转换在处理变量的内生性问题上具有一定的优势。式（5-3）消除了未观察到的特定个体效应，所以，如果内生性仅源于 (X'_{it}, R_{it}) 与 μ_i 的相关性，用 OLS 估计式（5-3）即可解决。内生性还可能源于传统的联立性偏误（simultaneity bias），例如，因变量可能与某些或某个自变量存在相互决定的关系，所以 ε_{it} 的变化不仅影响 $\ln EX_{it}$，也会导致具有联立性的自变量发生变化，此时 OLS 方法失效，需要借助工具变量法如 2SLS 估计式（5-3）。不过巴尔塔基（Baltagi，2008）指出，在包含内生变量（自变量与扰动项相关）的误差分量模型（error component model）中，通常

[①] 虽然式（5-1）在形式上是只包含 μ_i 的单向误差分量模型，但在回归分析中我们加入了时间虚拟变量以控制未观察到的特定时间效应。

的 2SLS 估 计 法——Within 2SLS （记为 W2SLS）、Between 2SLS （记为
BE2SLS） 等——获得的估计结果虽然是一致的，但其渐进方差 - 协方差矩阵
却是无界的，或者说依据这些估计程序获得的估计系数是渐进无效的，因此
巴尔塔基（Baltagi，2008）推导了一个一致且渐进有效的估计法：误差分量
两阶段最小二乘法，记为 EC2SLS。由 EC2SLS 估计的系数实际上是 W2SLS
和 BE2SLS 估计结果的矩阵加权平均，例如：

$$\widehat{\beta}_{EC2SLS} = w_1 \widehat{\beta}_{W2SLS} + w_2 \widehat{\beta}_{BE2SLS}$$

其中，矩阵权数 w_1 和 w_2 取决于 $\widehat{\beta}_{W2SLS}$ 和 $\widehat{\beta}_{BE2SLS}$ 的方差 - 协方差矩阵。本研
究所采用的方法即为误差分量两阶段最小二乘法（EC2SLS）。

5.1.4 实证分析：基于误差分量两阶段最小二乘法（EC2SLS）的估计

本研究对模型的估计采用的是 Stata 12.0 统计软件，估计结果见表 5 - 1。
表中第 1 列报告了组间估计法即用 OLS 估计式（5 - 2）的结果，数据表明，
R 与 $\ln EX$ 显著正相关，作为衡量 ITO 产业聚集程度指标的区位熵每提高一个
单位，则 ITO 出口将增长 0.1915 个百分点。与本研究预测一致，$\ln wage$ 具有
预期的负号，且在 10% 的水平上是显著的，IT 员工的工资每上升 1%，服务
外包出口将下降 0.9115 个百分点。但除了 R 和 $\ln wage$ 外，其他变量的估计
系数在统计上都不显著，且开放度、$R\&D$ 和网络普及率等变量的估计系数的
符号与预期相反。

表 5 - 1　　　　　　　　　　　集聚对服务外包出口的影响

变量	第 1 列	第 2 列	第 3 列	第 4 列	第 5 列
	Between	Within（Fixed Effects）	FE2SLS	BE2SLS	EC2SLS
R	0.1915 ** (0.0749)	0.1665 *** (0.0528)	0.2468 (0.8869)	0.3426 (0.2502)	0.1867 *** (0.0512)
$\ln wage$	− 0.9115 * (0.4852)	− 0.8039 * (0.4327)	− 0.5968 (3.2633)	− 0.4982 (0.3160)	− 0.9587 ** (0.4224)
$openness$	− 0.6649 (0.8354)	0.7974 (0.5656)	0.6177 (0.8171)	− 0.8365 (1.1930)	0.6074 (0.4727)

续表

变量	第1列	第2列	第3列	第4列	第5列
	Between	Within (Fixed Effects)	FE2SLS	BE2SLS	EC2SLS
$R\&D$	−0.0628 (0.4077)	0.5460 *** (0.1522)	0.5344 ** (0.2415)	−0.3803 (0.7169)	0.4107 *** (0.1376)
$wlpjlv$	−0.3994 (3.3846)	0.3098 (0.5723)	0.3010 (0.4790)	0.2247 (0.5081)	0.4731 * (0.2130)
$\ln h$	0.5503 (0.5567)	0.5899 * (0.3019)	0.5830 * (0.3361)	0.3936 (0.9489)	0.6981 *** (0.2749)

注：括号内的数据为标准误，双尾检验的显著性水平1%、5%和10%分别用 ***、** 和 * 表示。除 Between 和 BE2SLS 外，其他估计法都包含时间虚拟变量。

如前所述，只有在 (X'_{it}, R_{it}) 与 μ_i 和 ε_{it} 都正交时，Between 估计法才可能获得一致估计结果。当 (X'_{it}, R_{it}) 与 μ_i 的正交条件不被满足时，组内估计法——即用 OLS 估计式（5 - 3），是获得一致估计结果的简便而有效的解决办法。表 5 - 1 第 2 列给出了依据组内估计法所获得的各变量的估计系数和相应的标准误差。比较前两列数据可以发现，Between 估计法和 Within 估计法的结果有较大差异：Winthin 估计法中，R 对 ITO 出口的正向促进效应下降了 13%，但统计显著性水平提高了一个数量级，达到 1% 以上；开放度、$R\&D$ 和网络普及率的估计系数有了正确的符号；$R\&D$ 和人力资本的估计系数分别在 1% 和 10% 的水平上是显著的。其他变量都基本保持了原有的模式。

鉴于 Between 和 Within 两种方法在估计结果上存在显著的差异，我们有理由认为 (X'_{it}, R_{it}) 与 μ_i 存在相关性。为证明这一点，我们对 Between 和 Within 这两种模型设定的优劣进行了 Hausman 检验，其 χ^2 值为 5.34，显著性水平仅为 0.5005，不能拒绝虚拟假设，即考虑自变量与 μ_i 相关性的 Within 估计法可以获得一致估计结果。这意味着未观察到的各示范城市异质性或截面特征在统计上的影响非常显著，截面估计法因忽视自变量与未观察到的个体效应之间可能存在的相关性会产生有偏和不一致的结果。

控制特定的个体效应只解决了一种内生性问题。$\ln EX$ 和 R 之间可能存在联立性偏误，因为在其他因素不变的条件下，一方面，软件服务外包产业的集聚会通过提高生产专业化和分工水平而促进软件服务外包出口的增长；另一方面，软件服务外包的快速增长又会刺激各地方政府投资软件园的热情，反过来推动软件服务外包集聚水平的提高。鉴于此，我们有必要考虑 R_{it} 与扰动项 ε_{it} 相关的可能性。①

为解决联立性偏误导致的 R_{it} 的内生性问题，我们需要想办法把内生变量 R_{it} 变成"外生的"，也就是通过一定的技术处理使得 R_{it} 独立于会影响因变量 $\ln EX_{it}$ 的 ε_{it}。比较行之有效的技术是 2SLS 方法：第一阶段，寻找恰当的外生工具变量，这些工具变量要求与 R_{it} 相关但与 $\ln EX_{it}$ 不相关，然后用 R_{it} 对这些工具变量进行回归，获得 R 的拟合值 $\hat{R}_{it}$，第二阶段，用拟合的 $\hat{R}_{it}$ 代替 R_{it}，再对式（5-1）进行回归分析。既然 $\hat{R}_{it}$ 是由独立于 $\ln EX_{it}$ 的外生工具变量来"构造"的，它不可能与扰动项 ε_{it} 相关，这就保证了其外生性。

由于仅有 R_{it} 是内生的，识别性条件要求至少有一个工具变量。本研究选取反映政府干预经济强度的指标，即各示范城市非转移支付支出在财政总支出中所占比重（各示范城市财政预算内支出扣除教育事业费支出、科学事业费支出、抚恤和社会福利救济支出以及社会保障补助支出之后的余额占其财政预算内支出的比重）作为 R_{it} 的工具变量。由于我国特定的制度安排，各级政府对经济活动都具有较强的干预能力和动机，例如，在工业园区、科技园、软件园和服务外包基地等的建设上，政府是主要的推动力，因此可以预期，政府干预经济的强度越大，ITO 产业集聚的程度越高。但国外发包商是否将 IT 业务发包给本地企业，则主要取决于接包企业的创新能力、服务质量、技术与管理水平、劳动力成本等技术的或市场方面的因素，与政府行为的关系不大，因此上述指标可视为 R_{it} 的有效工具变量。

我们首先利用 2SLS 估计了式（5-3），即 W2SLS 或固定效应 2SLS（下面简称"FE2SLS"）估计法，表 5-1 第 3 列的估计结果表明，在同时考虑特定个体效应和联立性偏误导致的内生性问题后，各变量估计系数在数值大小和符号方面与 Within 估计结果没有显著差异，但我们关注的核心变量，即 ITO 产业的集聚对其出口的促进效应不再显著。控制变量中，除 ITO 产业的人力资本和 R&D 投入对信息技术服务外包出口有较显著的促进作用外，其他变量的估计系数均在 10% 水平上不显著。出于比较的目的，我们还报告了 BE2SLS 的结果 [用 2SLS 估计式（5-2）]，见表 5-1 第 4 列。可以发现，

---

① 当然，导致自变量与扰动项相关的原因还有很多，如遗漏相关重要变量、测度误差、自选择等，但在本研究中我们主要关注联立性偏误导致的内生性问题。

考虑联立性偏误但忽视自变量与截面特征的相关性使得估计结果变得更糟：所有自变量的估计系数在统计上都不显著，且开放度和 R&D 的符号明显与预期不一致。如此看来，应用 2SLS 估计程序并未改善估计效果，难道考虑自变量与扰动项的相关性是多余的？

事实上，在联立性偏误等因素导致的自变量与扰动项相关的情况下，FE2SLS 和 BE2SLS 等估计法并不能获得渐进有效的估计结果，因为其方差 – 协方差矩阵是无界的，不满足最小方差性质。不同于上述常用的 2SLS 估计程序，EC2SLS 要求估计方差分量，并依据估计的渐进有效的方差 – 协方差矩阵计算估计参数，[①] 因此，最后我们选择巴尔塔基（Baltagi）的一致且有效的 EC2SLS 方法来估计计量方程，结果报告于表 5 – 1 第 5 列。在新的 2SLS 估计程序下，集聚对 ITO 出口的正向促进效应恢复了统计显著性，并且在有效控制内生性后，R 的促进效应相对于 Within 结果有明显提高。对于发包国来说，开展离岸外包最重要的动因之一是降低成本，因此低廉的劳动成本可以提高本国承接服务外包的竞争力，从而促进 ITO 的出口，与此一致，IT 人员的工资保持了一贯的负号，显著性水平也有较大幅度提升。有意思的是，在忽视未观察到的个体异质性影响的截面回归中，R&D 和 lnh 均不显著，但在 Within、FE2SLS 特别是 EC2SLS 中，这两个变量都显著地推动了 ITO 出口的增长，这说明模型的估计结果对估计方法比较敏感，估计方法的科学性对实证结论的可靠性至关重要。EC2SLS 估计法下 wlpjv 也由先前的不显著变为对 ITO 出口有弱显著的正效应，不过，在本研究的分析中，市场开放度对 ITO 出口始终不具有显著的积极作用。

巴尔塔基（Baltagi，2004）指出，当自变量存在内生性问题时，应用标准的 Hausman 方法（Hausman，1978）对模型设定进行检验会产生误导，巴尔塔基提出了专门针对 2SLS 估计模型的 Hausman 检验程序。在本研究中，基于 FE2SLS 和 EC2SLS 差异比较的 Hausman 检验产生的 χ^2 值为 10.11，仅在 0.4201 的水平上具有统计显著性，不能拒绝 EC2SLS 产生一致估计结果的虚拟假设。基于 BE2SLS 和 EC2SLS 比较的 Hausman 检验也获得了类似的结果。因此，我们可以信赖 EC2SLS 估计法的结果。

---

① 由于存在联立性偏误，这里的方差分量是根据 FE2SLS 和 BE2SLS 的估计残差来计算的。

5.1.5 结论及含义

近二十多年来国际服务外包兴起，推动出现以服务业国际转移为特点的经济全球化新浪潮，为后发国家经济发展政策选择提供了新的机遇。为了参与"高附加值、高技术、低能耗"的离岸服务外包生产，增强我国承接离岸服务外包的竞争力，实现中国经济和贸易增长方式的转变，我国政府提出了"建设若干服务业外包基地，有序承接国际服务业转移"的战略目标。

本章利用 EC2SLS 估计法对我国建立服务外包示范城市后所产生的行业集聚现象的经济效应进行了实证研究，发现：

（1）服务外包示范城市建设形成的行业集聚对 ITO 出口在统计上和经济上都具有非常显著的正向促进效应，在有效控制集聚的内生性后，衡量 ITO 产业聚集程度指标的区位熵每提高一个单位，IT 服务外包出口将增长 0.1867 个百分点。

（2）IT 人员工资对 ITO 出口具有显著的负效应，这与发包方追逐劳动力套利机会是一致的，跨国公司将其非核心业务外包的最直接原因是为了利用承接方高科技领域的相对廉价的劳动力，以降低其研究开发成本，在这方面，我国与其他主要承接国相比仍有相当的优势，我国有一批能够参与外包项目的软件开发人员，所需支付的工资还不到国外的一半，这是近年来我国 IT 外包行业快速成长、ITO 出口增长强劲的一个非常重要的因素。

（3）在忽视未观察到的个体异质性影响的截面回归中，$R\&D$ 和 $\ln h$ 均不显著，但在 Within、FE2SLS 特别是 EC2SLS 估计法中，这两个变量都显著地推动了 ITO 出口的增长，这说明模型的估计结果对估计方法比较敏感，估计方法的科学性对实证结论的可靠性至关重要。

（4）网络普及率对 ITO 出口有弱显著的正效应，这在一定程度上印证了完善的信息技术基础设施是离岸 IT 外包不可或缺的条件，我国 ITO 产业尽管起步较晚，但目前发展速度居世界前列，这与我国近年来大力推进信息化和信息技术发展的举措是分不开的。值得注意的是，本研究的分析中市场开放度对 ITO 出口始终不具有显著的积极作用，这大概是由于市场开放尽管能够降低交易成本，增加服务外包出口，但是同时也会鼓励大量的服务外包进口导致的。关于市场开放对服务外包的具体影响及过程，我们也将另外进行更加细致的探究。

上述结论表明，产业集聚有可能替代比较优势决定专业化分工及贸易模式。尽管我国目前在现代服务部门不具有比较优势，但通过建设服务外包示范城市和基地，进而通过产业集聚推动专业化生产，也能提升服务外包的国际竞争力，吸引更多离岸外包，促进服务外包的出口，从而推动现代服务业的发展，本节的经验研究显示，这是一条行之有效的路径。

5.2　服务外包出口的影响因素讨论：接包国视角的实证研究

对我国而言，承接国际服务外包既顺应了全球经济发展趋势，也是经济社会发展的要求。因此自 2006 年以来，我国政府大力支持和发展服务外包产业，积极建设服务外包基地和示范城市及园区，提供贷款、税收优惠等支持政策，商务部、投资促进会、服务外包协会、网站等均充分发挥公共信息服务平台的作用，为承接服务外包提供积极的支持和服务。上述措施已然获得了一定的成效：自 2008～2013 年，我国国际服务外包合同执行额从 46.9 亿美元增长至 454.1 亿美元，年均增速 57.5%，高于同期货物贸易增速，是外贸增长的新亮点。2013 年底，我国服务外包产业吸纳大学生 355.9 万人，间接带动 1700 多万人就业。2014～2015 年服务外包行业新增 200 多万名大学生就业，相当于毕业生总数的 14%，服务外包行业已成为知识型人才就业的重要"容纳器"。

在此基础上，如何进一步构建良好的服务外包产业环境、扩大我国服务外包的产业规模？本节将对显著影响服务外包出口的因素进行研究：首先根据服务外包产业发展所需要的环境和条件，讨论影响服务外包出口的因素及被解释变量；之后，基于目前世界主要服务接包国数据，运用 Stata 及 EViews 软件进行主成分分析，并对各因素的重要程度一一进行评估；最后形成参考建议。

5.2.1　服务外包出口影响因素讨论

国际服务外包市场的发展吸引了越来越多的国家加入服务发包和接包的

行列中。目前，服务发包市场以美国、欧盟、日本等发达国家为主导，提供了占全球 92% 的发包量。仅从计算机与信息服务进口来看，据 UNCTAD 的不完全统计，欧盟、美国、日本的计算机与信息的进口占全球总进口的 80% 左右。发展中国家 ITO 的迅速崛起，成为重要的承接方，其中印度和中国已经成为仅有的两个能在世界计算机与信息出口中占有较大比重的发展中国家。中国、印度、北非、东欧、南美和东南亚目前已经形成了多层级的服务外包接包格局。

当前已有研究发现，一些因素，诸如贸易壁垒、劳动力成本、运输基础设施和运输成本、政府的影响（租金、基础设施、汇率、通信设施、政局稳定性、商业环境）、语言相似性等，都是影响发达国家向发展中国家实施外包的重要因素（Yeats，2001）。此外，中间品市场的交易成本、广度和深度及市场竞争状况、东道国的禀赋状况、高效率的法律系统、生产率、工业规模、合同的完备性、工资水平等因素都是影响发达国家向发展中国家实施外包的重要因素（Grossman and Helpman，2002，2005）。但是如果低工资国家的成本优势不能弥补其基础设施、法律系统、相应设备和员工技能的劣势，那么这些国家将不能有效地吸引跨国外包（Swenson，2005）。在对各国吸引服务外包的研究中，许多咨询公司做了大量工作。例如，Garnter 公司对 72 个国家评估的指标体系中包括语言、政府支持、IT 劳动力、基础设施、教育体系、成本结构、政治经济环境、文化兼容性、知识产权保护法律以及数据安全等因素。苏秦和杨青青（2010）在外包成本、人才数量、国家环境、文化兼容性、基础设施建设以及外包产业发展情况等 6 个维度，对 21 个具有代表性的接包国的截面数据做 DEA 的对比分析，分析出各国吸引外包的优势和不足。

另外，高书丽和郭彦丽（2012）的研究表明我国承接离岸服务外包产业发展环境和离岸服务外包规模之间存在格兰杰因果关系，即这两个因素相辅相成，相互促进。该研究通过对产业环境进行量化，发现世界服务贸易出口额、知识产权保护强度、服务贸易开放度、人均 GDP、人民币实际有效汇率、服务业发展水平、研发经费、网络使用率、人才资源成本与质量等和服务外包正相关。吴燕和苏武江等（2012）研究认为我国城市服务外包产业竞争力主要影响因素为相关产业成熟度和科技创新能力。

基于上述研究，本章将从外包需求、接包国的政策制度环境、宏观经济环境、科技环境、人力资源环境及电信基础环境等方面，考察影响离岸服务外包出口的因素。

（1）离岸服务外包的需求因素。随着全球产业分工的细化，发达国家（主要是美国、欧盟、日本）越来越倾向于将必须而非核心的信息技术、业务流程甚至是知识流程外包到其他国家。随着 2008 年爆发的经济危机，许多国家的经济和就业都深受影响，导致经济低迷和就业率降低。大量企业出于缩减成本、提高效率、聚焦核心竞争力的考虑，将非核心业务及流程外包给成本相对较低的国家，从而扩大了服务外包的市场需求，拉动了服务外包出口的增长。就业率往往可以反映发包国经济形势的好坏。然而，发包国的就业率也许会受到服务外包的冲击，但也有研究表明，外包不仅能够促进发展中国家的就业增长、工资水平提高，而且长期中对发达国家就业率的消极影响很小，并对其整体经济有益（Shuhze，2004；Amiti and Wei，2004；Farrell，2005）。高书丽和郭彦丽（2012）的研究也证明发包方失业率与承接服务外包负相关。

（2）接包国的政策制度环境。各国对服务贸易的管理主要体现在市场准入和国民待遇这两个方面，反映了该国服务市场的开放度，即是否有更宽松的制度及政策环境。对于我国服务业市场开放与服务出口竞争力的关系问题，国内学者进行了广泛的研究（杨圣明，1999；王粤，2002；郭根龙，2007；陈贺菁，2009），认为我国应积极地参与国际服务贸易，提高服务市场的开放度。此外，还应鼓励服务领域的外商直接投资，培养高新技术人才，改变国内的产业结构（Zhu，2011）。史自力等（2007）提出服务贸易竞争力与服务发展水平、外商直接投资、货物出口额和市场开放度成正向关系。殷凤等（2009）的研究显示我国服务贸易国际竞争力不高的一个原因是我国服务市场开放程度低且开放时间较短。陈虹等（2010）利用计量模型证明了人均收入、服务市场开放度、服务业发展程度都对我国服务贸易国际竞争力有明显的促进作用。因此，本章将市场开放程度作为影响服务外包国际竞争力的一个制度因素。

（3）接包国的宏观经济环境。本章基于以下几个因素构建接包国国内的宏观经济环境：经济发展总体水平、物价因素、汇率、服务业发展水平（通常以服务业增加值占 GDP 的比重作为基本指标）。服务业是服务贸易的产业基础，服务业发展水平决定了一国是否能提供多样化、专业化的高质量的外包服务。

（4）接包国的科技环境。服务外包的 ITO、BPO 和 KPO 等业务，是技术密集型、人力资本密集型的现代服务业。承接服务外包需要接包国有较好的科技基础和环境，包括对科技发展的投入、企业与科研机构、高等院校、职业培训机构等的产学研联合，以及国家对科学技术人才的培养及经费投入，科技园区、孵化基地等。长期中，国内的专利申请数量则是一国科技基础的显性指示。

（5）接包国的人力资源环境。服务业从业人员的数量和质量为接包国提供了人力资源基础。其中人力资源的质量，包括从业者的专业技术、语言能力、执行力和经验等综合素质，决定了接包的层次和可持续性。以服务外包出口大国的印度为例，英语是印度的官方语言之一；印度国内有 253 所大学以及近 700 所专科学校，这些院校为印度培养了充足的信息科技人才及商业管理人才，据统计，印度约有 600 多万专业人士从事软件开发设计，调查、分析等高端业务，员工基本具备硕士以上学位。

（6）接包国的电信基础环境。电信业在国际信息服务贸易中处于中心地位（梁晓春，1999），因为电信是国际贸易和国际金融服务分销的主要渠道，WTO 要求各国依照"基本电信谈判"协议开放本国的电信市场。但电信市场的自由化往往涉及一国的信息安全问题，在一定程度上维持了市场进入和国民待遇壁垒。因此，服务外包发展则促使各国寻求电信市场适度开放与保护的最佳协调。我国 1998 年成立信息产业部，开始了电信业体制改革，先后颁布实施了《中华人民共和国电信条例》《互联网信息服务管理办法》《全国人大常委会关于维护互联网安全的决定》《外商投资电信企业管理规定》等法规。经过多年的努力，一个适应市场经济要求、与国际接轨的电信法规体系正在逐步形成。[1] 随着邮电分营的实施、移动通信的重组、中国联通的成立到"5－1"工程的实施，电信业逐步走向市场化、多元化，形成了中国电信、中国网通、中国移动、中国联通、中国铁通加中国卫星通信集团的格局。随着我国基础电信设施和服务市场的开放，市场竞争更加充分，运营体系更加完善，整体水平提升。

服务外包的实现基于信息的快速联通和数据传输交换。电信业发展程度

---

① 钱晋群，张毅，群言. 飞速发展的中国电信业：光辉历程［N］. 人民邮电报，2002－05－16.

越高，电信基础设施越普及，电信服务的效率就越高，成本越低，因此现代化的、开放的电信行业是跨境服务外包的重要基础。本章将电信行业的综合发展程度作为一个系统因素，其中包括电信基础设施、电信设备的生产、普及应用、电信资费水平等，并将此集合变量纳入服务外包出口的影响因素分析中。

5.2.2 变量选择及数据来源

本章选用中国、捷克、印度、爱尔兰、马来西亚、菲律宾和新加坡等 7 个主要接包国的数据，从长期和短期两个时间跨度，研究服务外包接包国的宏观经济环境、科技环境、人力资源和电信业发展环境等方面的因素对服务外包出口的影响。其中，以样本国服务外包出口额为被解释变量，用 se 表示，基于数据的可得性，用计算机与信息服务的出口额作为代理变量，采用 UNCTADstat 中计算机与信息的出口数据。

（1）对于外包需求因素，美国是世界最大的服务发包方，因此本研究采用美国失业率（au）作为发包方经济形势的一个指示指标，同时也可以考察服务外包增长对发包方失业率的影响，数据来自 UNCTAD 的年均失业率。

（2）对于接包国的制度环境，选择市场开放程度（$open$）作为一个解释变量，数据来自 UNCTADstat 商品与服务贸易开放度指标。

（3）对于接包国的宏观经济环境，经济发展水平用人均 GDP（$gdpp$）来衡量，数据来自 UNCTADstat，以当前价格及汇率计；此外用消费者物价指数（cpi）来考察通货膨胀水平和物价水平对服务外包行业的影响；汇率对服务外包的影响以实际有效汇率（$reer$）来考察，数据来自国际清算组织，选择以 2010 年 =100 的有效汇率；服务业发展水平（sl）用服务业增加值与 GDP 的比重来反映，数据来自世界银行。

（4）对于接包国的科技环境，用 R&D 支出占 GDP 的比重（rd）表示国家对科技发展的投入，数据来自世界银行、中国统计年鉴及各国国家统计局；对一国的科学技术研究水平，可以考虑用居民专利申请量（pa）来显示，数据来自 WIPO 的国家概述。

（5）在接包国人力资源环境中，用第三产业的就业人数占比（sep）来反映服务业就业规模，数据来自亚洲开发银行亚太地区关键指标统计、欧洲统计局就业增长率及行业划分年均值。同时考虑到人力资本的质量，以劳动力的熟练程度作为指示，因此研究中还将添加劳动生产率（lp）作为衡量劳动力素质的指标。

（6）关于接包国的电信发展环境，本研究将根据数据的时间序列期数长短，分别放入长期和短期分析中。进入短期分析的因素，包括来自国际电联信息通信技术发展指数（简写为 idi）。这一指数就是各国信息通信技术发展指标，是由国际电信联盟（ITU）按照国际一致认可的方法确定信息，对各国信息通信技术的主要最新发展情况、服务的成本和价格可承受性予以跟踪，获得多方面的数据后，将每百位居民的固定电话线路订阅量等 11 个变量融入一个基准变量中，又对各国通信技术基础设施、使用和技能情况予以排名，最终编制成的一个全球化的综合指数。因此，它能够客观评估各国情况，反映和比较不同国家间的信息通信技术的短期发展水平。此外，加入各国信息电信技术综合价格指数（ipb）作为电信业资费水平暨服务成本的指标，这一指数是用固定宽带的价格，手机移动宽带预、后付费，电脑移动宽带预、后付费加权得来，是一个信息通信技术一揽子价格。上述指标于 2008 年编制、2009 年初次发布在《信息社会的衡量方法》报告中，每年发布一次年度指数，截至本研究开展时，共 5 年数据。此外，为了全面反映各国电信业对服务外包的影响，本研究用世界银行通信技术服务出口占服务贸易出口比重（ict）作为电信业国际服务能力的指标。长期数据则选用固定电话（$fixp$）、固定宽带（$fixb$）、移动电话（$mobile$）的订阅率以及互联网使用率（in）来衡量。

因此，进行长期分析的数据是从 2000 ~ 2012 年，有 au，$open$，$gdpp$，cpi，$reer$，sl，rd，pa，sep，lp，$fixp$，$fixb$，in，$mobile$ 共 14 个解释变量。短期分析数据从 2008 ~ 2012 年，在长期变量的基础上，增加变量 idi，ict 和 ipb，去掉变量 $fixp$，$fixb$，in，$mobile$。绝对数值的变量采用对数形式以减少波动性，百分比和指数数据化成小数形式。

5.2.3 服务外包出口的长期影响因素测度与评估

5.2.3.1 多重共线性问题

在进行回归分析时，多解释变量之间很可能存在多重共线性，本研究变

量之间容限度 >0.1，方程扩大因子 <10，我们认为他们之间多重共线性程度较低或不存在多重共线性。

5.2.3.2 主要影响因素的筛选：基于固定效应分组多次回归模型

在回归分析过程中，为避免遗漏贡献较大的变量，采用分组多次回归的方法。利用固定效应回归模型，对总的影响服务外包的环境因素进行分组多次回归，结果见表 5 - 2。

表 5 - 2 　　　　　　　　　影响跨国外包的主要因素及检验

变量	A	B	C	D	E	F
常数	- 30.2 *** (- 12.12)	- 0.21 (- 0.31)	- 20.3 *** (- 5.86)	- 1.85 ** (- 2.09)	- 30.2 *** (- 7.48)	3.99 *** (7.65)
au	7.84 ** (2.24)					
$open$		1.09 (1.11)				
$\ln gdpp$			2.09 *** (8.21)			
cpi			- 0.001 (- 0.02)			
$\ln reer$			1.38 (1.39)			
sl			5.57 * (1.76)			
$\ln pa$				0.91 *** (6.54)		
rd				2.02 *** (6.87)		
sep					15.37 *** (7.16)	
$\ln lp$					2.91 *** (6.23)	
$fixp$						2.75 (1.52)
$fixb$						- 0.002 (- 0.10)

续表

变量	A	B	C	D	E	F
in						2.01 ** (2.07)
mobile						2.94 *** (9.30)
F	222.39 ***	68.06 ***	90.68 ***	114.42 ***	107.5 ***	90.56 ***
R^2	0.8443	0.6241	0.8193	0.7582	0.7388	0.8191
样本数	91	91	91	91	91	91

注：圆括号内数值为 t 值。 * 表示在 10% 水平上显著，** 表示在 5% 水平上显著，*** 表示在 1% 水平上显著。

根据表 5 - 2 可得出如下回归结果：

（1）外包需求中，*au* 通过了 5% 水平的显著性检验，与因变量 lnse 呈正相关的关系。

（2）政策制度环境中，*open* 对服务外包出口有正影响，但是不显著，这可能与 ITO 的跨境交付方式有关，市场进入和国民待遇壁垒对大多数跨境交付影响较小。

（3）国内经济环境中，lngdpp 和 *sl* 分别通过了 1% 和 10% 水平的显著性检验，与因变量 lnse 呈正相关的关系。

（4）在科研环境中，*rd* 和 lnpa 均通过了 1% 水平的显著性检验，与因变量 lnse 呈正相关的关系。

（5）在人力资源环境中，*sep* 和 lnlp 均通过了 1% 水平的显著性检验，与因变量 lnse 呈正相关的关系。

（6）在电信基础环境中，*in* 和 *mobile* 分别通过了 5% 和 1% 水平的显著性检验，与因变量 lnse 呈正相关关系。

综上，经过回归分析后，在长期影响因素中保留显著性水平达到 5% 以上的因素，包括美国失业率、人均 GDP、服务业增加值占 GDP 的比重、互联网使用率、居民专利申请量、第三产业人数占总就业人数比重、劳动生产率、互联网使用率和移动电话订阅量共 9 个解释变量。

5.2.3.3 主成分分析及主因子特征值

对上述 9 个变量用比例法做归一化处理，使得全部解释变量的值落在

［0，1］之间。运用因子分析的主成分分解法，基于累积解释方差占全部特征值的累积方差比例不小于 95% 的原则，得到 4 个主要因子 F_1、F_2、F_3、F_4，表 5 – 3 为所有主因子的特征值及解释方差比例。

表 5 – 3 主因子特征值及解释方差比例

因子	特征值	标准差异	方差贡献率	累积方差贡献率
F_1	5.87124	3.23479	0.5879	0.5879
F_2	2.63645	1.67947	0.2640	0.8519
F_3	0.95697	0.60350	0.0958	0.9477
F_4	0.35347	0.18498	0.0354	0.9831
F_5	0.16849	0.10998	0.0169	1.0000
F_6	0.05850	0.04183	0.0059	1.0058
F_7	0.01668	0.01771	0.0017	1.0075
F_8	– 0.00104	0.01283	– 0.0001	1.0074
F_9	– 0.01387	0.00372	– 0.0014	1.0060

根据因子载荷，可列出主成分的表达式：

$$F_1 = 0.2711au + 0.9516gdpp + 0.8239sl - 0.5324pa + 0.6616rd$$
$$+ 0.9053sep + 0.9335lp + 0.9120in + 0.8987mobile \qquad (5-4)$$

$$F_2 = 0.5486au - 0.0030gdpp - 0.1162sl + 0.7950pa + 0.4786rd$$
$$- 0.3004sep - 0.1203lp + 0.1863in + 0.2026mobile \qquad (5-5)$$

$$F_3 = -0.3994au + 0.2228gdpp + 0.1652sl + 0.2493pa + 0.4216rd$$
$$+ 0.0231sep + 0.1954lp - 0.1670in - 0.2166mobile \qquad (5-6)$$

$$F_4 = -0.1167au + 0.1262gdpp - 0.4632sl + 0.1080pa - 0.1272rd$$
$$+ 0.1287sep + 0.1543lp + 0.1948in + 0.0196mobile \qquad (5-7)$$

$$F = 5.87124F_1 + 2.63645F_2 + 0.95697F_3 + 0.35347F_4 \qquad (5-8)$$

5.2.3.4 服务外包出口长期影响因素总分值及动态发展

将各变量归一化后的数值代入，可得各因子得分，依式（5 – 8）对各因子得分进行加权累计，即可得 7 个国家各年份影响服务外包出口因素的总分值。图 5 – 1 是 7 个国家 F 值的变动趋势。

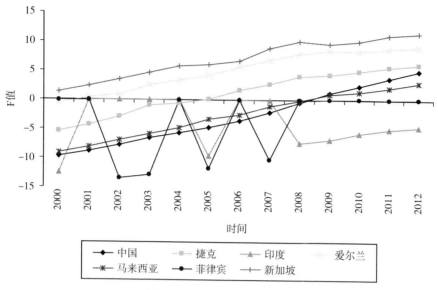

图 5-1　各国 F 值变动趋势

可看出，除印度和菲律宾的 F 值存在偏误外，所有国家的 F 值都是逐年递增的。新加坡、爱尔兰是成熟的服务外包接包国，在 2000 年左右的时候已经凭借着良好的经济社会环境，成为服务外包接包大国。捷克在随后几年中着重发展服务外包产业，成为新一轮的接包国。2007 年末，全球经济危机爆发，发达国家的企业纷纷面临缩减成本、稳固核心竞争力、非核心业务剥离的问题，由此催生了更大规模更广泛的全球服务外包发展。对于中国、印度、马来西亚、菲律宾等发展中国家来说，也是调整产业结构、促进产业升级，扩大服务贸易的良好机会。发展中国家凭借国家政策对产业的支持、人力资本成本等优势，正慢慢地成为接包的主体，上升趋势明显。其中，印度是服务外包接包第一大国，有着丰富的高质量人力资源和低廉的雇佣成本，作为官方语言的英语，更增强了印度接包的优势。虽然印度在整体经济环境、基础设施、医疗卫生等方面与发达国家及我国都存在较大差距，但是印度政府对服务外包产业积极支持，通过建立高科技园区和外包企业聚集地，服务外包龙头企业实现了规模优势。国际化水平的技术管理以及产业聚集效应使印度稳居服务接包市场的前茅。关于印度和菲律宾 F 值差异较大，可能的解释是：选取的数据较宏观，没有体现两国具体行业的特征。

5.2.3.5 长期分析中的影响因素及其经济含义

为了更清晰地看到长期中服务外包环境及其影响因素的内部结构，本研究采用基于特征值的最大方差法正交旋转后的因子载荷矩阵，如表5-4所示。

表5-4 旋转后因子载荷矩阵

变量	F_1	F_2	F_3	F_4
au	0.0963	0.1985	0.7002	0.0923
gdpp	0.9593	-0.0665	0.0784	0.2007
sl	0.6263	-0.2252	0.0972	0.6940
pa	-0.3676	0.9071	0.0712	-0.1616
rd	0.6699	0.4678	0.1318	0.4192
sep	0.8617	-0.4059	0.0603	0.1268
lp	0.9444	-0.1723	0.0279	0.1597
in	0.8406	-0.0852	0.4664	0.0301
mobile	0.7550	-0.1114	0.5314	0.1762

表5-4中，F_1中主要因素是人力资源、电信基础和国内经济发展水平；F_2主要因素是科技水平；F_3主要因素是发包方的经济情况；F_4主要因素是第三产业占国民经济的比重。结合考虑各主成分因子的特征值，得出各影响因素的重要性基本排序为：人力资源环境（劳动力成本和素质）、电信基础、国内经济水平是主要因素；紧接着国家科技水平、技术进步方面的因素；发包方的经济状况成为第三大影响因素；而最后就是国内第三产业的整体水平。

从上述因素排序中，我们发现：一国服务外包出口的表现与整个服务业发展水平并不需要完全对等。这个结论在一定程度上解释了印度服务外包出口远远超越了整体服务业发展水平的现象。这说明，尽管现代服务业不发达，但是发展中国家仍有可能成为服务外包强国，而服务外包产业可以产生倒逼机制，最终促进现代服务业发展。对发展中国家而言，这个过程不失为一条现实的服务业发展路径。

5.2.4 服务外包出口短期分析中的影响因素评估

5.2.4.1 短期分析中的影响因素筛选

运用同样的方法，对服务外包出口短期影响因素 2008～2012 年数据进行多次回归得到表 5-5。

表5-5　　　　　　影响跨国外包的主要因素及检验——短期分析

变量	A	B	C	D	E	F
常数项	12.3508 *** (67.50)	8.1539 *** (17.10)	-2.8636 (-1.25)	8.6593 *** (11.76)	-2.9150 (-0.75)	11.0053 *** (359.14)
au	-15.8499 *** (-7.79)					
open		0.8169 (1.58)				
ln*gdpp*			0.4043 *** (3.49)			
cpi			0.0398 (1.42)			
ln*reer*			1.7060 ** (2.09)			
sl			9.5658 (1.66)			
ln*pa*				0.1416 *** (4.55)		
rd				0.1468 (1.26)		
sep					2.5105 * (1.95)	
ln*lp*					1.2475 ** (2.74)	
idi						0.0361 *** (5.70)

续表

变量	A	B	C	D	E	F
ict						0.0901 ** (2.26)
ipb						− 0.2550 *** (− 3.38)
F	63.61 ***	15.53 ***	13.88 ***	15.90 ***	11.05 ***	13.82 ***
R^2	0.8701	0.6836	0.7655	0.7607	0.4595	0.7890
样本数	28	35	28	24	35	28

注：圆括号内数值为 t 值。* 表示在 10% 水平上显著，** 表示在 5% 水平上显著，*** 表示在 1% 水平上显著。

根据表 5 - 5 可知：

（1）外包需求中，au 通过了 1% 水平的显著性检验，与因变量 $lnse$ 呈正相关的关系。

（2）国内经济环境中，$lngdpp$ 和 $lnreer$ 分别通过了 1% 和 5% 水平的显著性检验，与因变量 $lnse$ 呈正相关的关系。

（3）在科技环境中，$lnpa$ 通过了 1% 水平的显著性检验，与 $lnse$ 呈正向关系。

（4）在人力资源环境中，$lnlp$ 和 sep 分别通过了 5% 和 10% 水平的显著性检验，与因变量 $lnse$ 呈正相关的关系。

（5）在电信基础环境中，idi、ipb 和 ict 分别通过了 1%、1% 和 5% 水平的显著性检验，与 $lnse$ 分别呈正、负、正相关的关系。

综上所述，在短期影响因素中保留美国失业率、人均 GDP、实际有效汇率、专利申请量、劳动生产率、第三产业就业人数占比、信息与通信技术发展指数、信息通信技术一揽子价格指数和 ICT 出口占服务贸易出口比重共 9 个解释变量。

5.2.4.2　短期分析中的影响因素及其经济含义

为了更清晰地看到短期中服务外包环境及其影响因素的内部结构，也采用最大方差法正交旋转后的因子载荷矩阵进行分析和处理，得到的结果可见表 5 - 6。

表 5 - 6   短期旋转后因子载荷矩阵

变量	F_1	F_2	F_3	F_4	F_5	F_6	F_7
au	0.0534	0.0452	− 0.0158	0.0248	0.6233	− 0.0676	− 0.0073
gdpp	0.9614	− 0.2180	− 0.0789	0.1342	− 0.0671	− 0.0673	− 0.0206
reer	0.0849	− 0.0437	0.0969	0.9165	0.0068	0.0231	0.0053
pa	− 0.4442	0.8890	− 0.0772	− 0.0165	0.0161	0.0041	− 0.0364
rd	0.7953	0.2937	− 0.2057	0.0393	− 0.0243	0.0255	0.4005
lp	0.9513	− 0.2919	0.0277	− 0.0013	− 0.0180	− 0.0290	− 0.0885
idi	0.9267	− 0.2670	− 0.1032	0.1335	0.0371	0.0891	0.0639
ipb	− 0.9196	0.2753	0.1228	0.1231	− 0.1232	− 0.0716	0.0001
ict	− 0.1865	0.0095	0.9079	0.1002	− 0.0078	0.0153	− 0.0222

表 5 - 4 中，F_1 中主要因素是国内经济发展水平、人力资源（劳动生产率）、电信技术和资费；F_2 主要因素是科技水平（居民专利）；F_3 主要因素是通信技术水平（通信技术出口占服务出口之比）；F_4 主要因素是接包国实际有效汇率；F_5 主要因素是发包方的经济情况；F_6 的主要因素是电信技术基础；F_7 主要因素是科技水平，如研发及电信技术发展。最终可以得出各影响因素的重要性基本排序为：国内经济水平、人力资源环境（劳动力成本和素质）、电信技术及资费基础最重要；紧接着国家科技水平、技术进步方面的因素；信息与通信技术服务能力是第三大影响因素；发包方的经济状况成为第四大影响因素。

5.2.5　研究结论及政策建议

本章根据 7 个主要的服务外包接包国的面板数据，基于六大类环境因素，分析了影响服务外包出口的共同因素，包括长短期因素及变更，还有各主成分对外包出口影响程度的变化，找出不同时期主要的影响因素，得到各因子的重要程度排序，整理如表 5 - 7 所示。

表5-7   长短期分析中各因子的重要性顺序

项目	第一	第二	第三	第四
长期分析	国家经济实力；劳动力数量和素质；电信业发展	国家科研水平和技术进步	发包方经济状况	国内第三产业发展水平
短期分析	国家经济实力；劳动力数量和素质；电信发展及资费	国家科研水平和技术进步	信息与通信技术服务能力	发包方经济状况

尽管研究得出了比较清晰的结果，可以作为我国服务外包发展的一点有益参考，但在研究中依然存在以下不足：囿于数据可得性，本研究使用计算机与信息服务出口量代替服务外包出口量，以部分代替总体，使得分析结果的精度受到影响。研究中使用的是国家宏观数据或人均数据，而不是具体的行业数据。对于印度等三次产业发展不均衡的国家而言，宏观数据和平均数据的解释力就非常有限。

本研究选取的样本国大致分为三类：第一类是国内经济经发展水平较好，服务业成熟，如爱尔兰和新加坡；第二类国家经济实力一般，但服务外包产业实现跳跃式的发展，如印度和菲律宾；第三类是国内有一定的工业基础，现代服务业相对于工业而言处于起步阶段。中国属于第三类。作为第一接包大国的印度，在1986年就制定了《计算机软件出口、软件发展和软件培训政策》，明确了印度软件产业发展战略目标，并对从事IT外销的企业给予特别的优惠政策，如从事外包的企业所得税实行五年减免五年减半，再投资部分3年减免等。自2006年以来，我国政府为了促进服务外包发展，出台了许多有利的政策措施，包括财政拨款、税收优惠、设立示范城市、启动"千百十工程"、相关税收优惠、服务外包培训单位及人员的补贴政策等。在国家和地方政府的倡导和支持下，服务外包产业经历了从无到有，快速成长，逐渐形成产业的规模效应，增强了在国际上的竞争力。电信业的发展、科研及技术水平、技术进步和法律环境，无论在长期还是短期都对服务外包的出口有重要影响。此外，若政府的直接补贴和支持对服务外包出口的影响过大，则不利于产业自身的成长。因此，在服务外包产业的发展过程中，企业应逐步摆脱对政策的过度依赖，形成自己的竞争力。政府在直接支持服务外包产业的同时，也应该通过支持其配套产业的发展来间接推动服务外包的发展。

基于前述分析，根据我国目前的实际状况，提出以下几点建议：

（1）培养高质量英语熟练的技术人才和管理人才。中国和印度都拥有大型多技能人才库和高度集中的研究型大学。但在服务外包这个领域，印度的人才储备要比中国更有竞争力。服务外包作为一种国际服务贸易，英语及文化共性能促成交易合约的达成。再者，印度的综合性或者专科院校、培训机构培养了大量实用型的外包技术人才。所以我国着力培养现代科技、管理和法律领域的技术精英；注重应用型英语教学，多培养精通英语的专业化服务外包人才。

（2）完善信息技术设施，提高电信业的服务能力。大力扶植信息产业发展，保证示范城市中产业基地及外包企业聚集地完善的通信、信息设施和与国际接轨的办公业态。

（3）加大研发和技术的投入力度，增强服务外包企业、研究基地、高等院校等具备研发功能的机构的研发能力，有利于向更高层次的服务外包转变。同时要加快构建完备的服务外包有关法律，注重保护双方的商业机密，尤其是知识产权的保护。

（4）形成企业规模优势，提高国际化水平。对于软件和信息服务外包企业，企业的接包能力很大程度上是由企业规模决定的。通过竞争整合国内的中小型企业，减少企业之间的无序竞争，产生大型外包企业，积累全球化管理运营经验。

| 第6章 |

结　　论

本书从劳动生产率和出口增长两个视角，考察了我国建设服务外包基地和示范城市的实际经济效应。在阐明服务外包基本内涵及分类，回顾相关基础文献，并对我国主要示范城市服务外包发展进行概述的基础上，本书将核心研究集中于第4章和第5章。

第4章试图回答的主要问题是服务外包的集聚优势是否可以创造比较优势？本章的探索包括：

第一，基于市场潜力模型对服务业空间集聚规律进行了理论与实证分析。本部分将规模报酬递增的服务部门引入新经济地理分析框架，建立了一个包含服务产品的市场潜力函数，并从理论上证明：首先，一个地区市场潜力大小决定了服务业在该地区的地理集中度；其次，服务业集聚水平与制造业集聚水平存在此消彼长的关系；最后，工资水平是服务业集聚的离心力，工资上涨会阻碍服务业在本地区的集聚。之后，本部分基于理论模型构建了实证方程，利用 2003 ~ 2013 年我国 30 个省区市的面板数据证实了上述理论结论。

第二，本部分将规模报酬递增的现代服务部门引入里奇（Ricci）和梁琦模型，在不预设比较优势的前提下，从理论上证明了：首先，服务业在某一地区的空间集聚将提升该地区（相对于其他地区）服务部门的劳动生产率。其次，上述结论意味着即使不存在初始的比较优势，集聚也能够通过提高劳动生产率而创造出比较优势，从而决定分工和贸易模式。

第三，本部分建立实证模型，考察了我国服务外包基地对该行业劳动生产率的促进效应。运用我国 17 个服务外包城市 2006～2012 年的相关统计数据进行实证检验，发现：首先，集聚确实对服务外包劳动生产率具有显著的正效应；其次，物质资本、人力资本、R&D 因素对生产率也有显著的长期促进作用。

本书第 5 章试图回答：服务外包的集聚是否促进了出口？本章的研究包括：

第一，本部分以信息技术外包（ITO）为例，基于 EC2SLS 估计法和 17 个服务外包示范城市 2006～2012 年的面板数据考察了服务外包集聚对本行业出口的促进作用。发现：首先，在控制劳动力低成本优势、R&D、人力资本和网络普及率等因素的影响后，通过示范城市建设所形成的服务外包集聚对 ITO 出口在经济上和统计上都有非常显著的正向促进效应。其次，上述结论意味着，通过服务外包示范城市和基地建设，能够促进我国服务外包产业集聚和专业化生产，进而产生贸易促进效应。

第二，本部分试图讨论：如何进一步构建良好的服务外包产业环境、扩大我国服务外包的贸易规模？为此，首先根据服务外包产业发展所需要的环境和条件，讨论了影响服务外包出口的因素；并基于目前世界主要服务接包国数据，进行主成分分析，对各因素的重要程度一一进行评估，发现优化劳动力数量和质量、提升电信业及整体经济发展程度，是促进服务外包增长最重要的环节。

本书的研究多基于某个特定视角，因此对问题的考察是局部的；此外，本书赖以实施经验研究的数据，因受限于研究开展的实际时间，某些数据的时间序列尚不足够，从而使结论的代表性受到约束。因此，在今后进一步的研究中，尚需拓展研究视野，扩展数据时间序列，以获得更有效的分析结论。

参考文献

中文部分

[1] 白瑜婷. 服务外包的出口效应：基于制造业生产率差异的门限回归 [J].
国际贸易问题, 2014 (7): 103 - 111.

[2] 毕淑娟. 服务外包成中国绿色经济新增长极 [N]. 中国联合商报, 2012 -
04 - 01.

[3] 曹惠玲. 服务外包高技能人才培养体系的构建：基于苏州产业转型升级的
视角 [J]. 科技创业家, 2013 (20): 197 - 198.

[4] 曹剑. 服务外包示范城市的优势与特色漫谈 [J]. 中国外资, 2010 (3):
34 - 35.

[5] 陈菲. 服务外包动因机制分析及发展趋势预测 [J]. 中国工业经济, 2005
(6): 67 - 73.

[6] 陈良文, 杨开忠, 沈体雁, 王伟. 经济集聚密度与劳动生产率差异 [J].
经济学 (季刊), 2008 (1): 99 - 114.

[7] 陈伟, 李华. 服务外包人才培养模式研究 [J]. 现代管理科学, 2008
(1): 96 - 98.

[8] 程大中, 陈福炯. 中国服务业相对密集度及其对劳动生产率的影响 [J].
管理世界, 2005 (2): 77 - 84.

[9] 杜剑, 陆健. 对完善海关监管促进服务外包发展的一些思考 [J]. 上海海
关学院学报, 2009 (12): 58 - 61.

[10] 杜凯, 周勤. 集聚经济、行业特性与国际竞争力 [J]. 经济学家, 2008

（2）：39 - 46.

[11] 杜庆华. 产业集聚与国际竞争力的实证分析 [J]. 国际贸易问题，2010（6）：87 - 93.

[12] 对外经贸大学国际经济研究院课题组. 国际服务外包发展趋势与中国服务外包业竞争力 [J]. 国际贸易，2007（8）：19 - 28.

[13] 发挥示范效应建设服务外包产业集聚区 [N]. 新华日报，2013 - 06 - 27.

[14] 樊纲，王小鲁，等. 中国市场化进程对经济增长的贡献 [J]. 经济研究，2011（9）：4 - 16.

[15] 樊琦. 杭州发展服务外包的现状和对策分析 [J]. 商场现代化，2011（4）：97 - 98.

[16] 樊哲高. 软件是一种文化 [N]. 中国电子报，2002 - 12 - 17.

[17] 范建勇. 产业集聚与地区间劳动生产率差异 [J]. 经济研究，2006（11）：72 - 81.

[18] 范剑勇，张雁. 经济地理与地区间工资差异 [J]. 经济研究，2009，44（8）：73 - 84.

[19] 高书丽，郭彦丽. 我国承接离岸服务外包产业发展环境影响因素研究 [J]. 国际经贸探索，2012（11）：14 - 25.

[20] 郭丽，李龙. 后金融危机背景下大连软件和服务外包产业发展对策研究 [J]. 黑龙江对外经贸，2011（1）：37 - 39.

[21] 何骏. 长三角区域服务业发展与集聚研究 [J]. 上海经济研究，2011（8）：11 - 20.

[22] 何骏. 我国发展服务外包的动因、优势和建议 [J]. 当代经济管理，2006（6）：24 - 28.

[23] 贺武，刘平. 中国服务外包示范城市竞争力的比较分析 [J]. 统计与决策，2011（15）：97 - 99.

[24] 洪刚. 如何来定义外包 [J]. 每周电脑报，2007（26）：36 - 38.

[25] 胡昭玲，王洋. 中国承接服务外包的影响因素分析 [J]. 国际经贸探索，2010（2）：68 - 72.

[26] 黄娟，肖芬. 武汉市发展服务外包的竞争力研究 [J]. 统计与决策，2013（2）：109 - 112.

[27] 黄中文. 我国电信业发展历程与深化改革 [J]. 工业技术经济，2004

（2）：2 - 4.

[28] 季成，徐福缘，於军. 模块化与服务外包 ［J］. 上海管理科学，2011（4）：77 - 80.

[29] 姜云飞. 软件企业软件人才得到实惠更多 ［N］. 大连日报，2009 - 01 - 03.

[30] 姜云飞. 软件业的跨越从 100 亿到 500 亿 ［N］. 大连日报，2010 - 11 - 17.

[31] 蒋庚华. 服务业投入对我国工业离岸货物外包的影响 ［J］. 国际贸易问题，2014（1）：108 - 119.

[32] 金芳芳. 杭州软件和信息服务外包产业 SWOT 分析与发展对策 ［J］. 情报探索，2010（1）：72 - 75.

[33] 金继. 新引擎驱动苏城扬帆远航 ［N］. 苏州日报，2012 - 04 - 18.

[34] 金佳玉. 亿达集团：“产城一体”的城镇化探路者 ［J］. 中国经济周刊，2013 - 11 - 18.

[35] 景瑞琴. 选择理论述评 ［J］. 商业时代，2006（35）：32 - 33.

[36] 科斯，哈特，斯蒂格利茨，等. 契约经济学 ［M］. 李风圣，主译. 北京：经济科学出版社，1999.

[37] 黎晓寅. 上海服务外包业的结构与政策环境分析 ［D］. 上海：上海社会科学院，2009.

[38] 李高超. 龙江服务外包该往哪走？［N］. 国际商报，2012 - 07 - 09.

[39] 李敏. 以浙江杭州之实践看服务外包发展 ［J］. 中国经贸，2013（6）：80 - 81.

[40] 李锐. 承接服务外包：运营商新的业务增长点 ［J］. 营销指导，2010（4）：40 - 41.

[41] 李韶文. 外包企业：“长个头”之后要“长肉” ［N］. 国际商报，2013 - 01 - 15.

[42] 李志群，朱晓明. 中国服务外包发展报告（2007）［M］. 上海：上海交通大学出版社，2007.

[43] 厉无畏，王慧敏. 产业发展的趋势研判与理性思考 ［J］. 中国工业经济，2002（4）：5 - 11.

[44] 梁琦. 产业集聚论 ［M］. 北京：商务印书馆，2004.

[45] 梁晓春. 国际服务贸易与我国国际电信资费 [J]. 经贸特写, 1999 (6): 38 - 40.

[46] 林志远. 垄断抑或技术进步主宰: 中国电信业市场开放瓶颈 [J]. 国际贸易, 2001 (10): 24 - 27.

[47] 刘海云, 唐玲. 国际外包的生产率效应及行业差异 [J]. 中国工业经济, 2009 (8): 78 - 87.

[48] 刘辉群, 李锦江, 刘蓓蓓. 天津市服务外包产业的竞争力: 基于"五力模型"分析 [J]. 经济师, 2013 (7): 186 - 187.

[49] 刘继承. 企业信息系统与服务外包风险管理研究 [J]. 情报理论与实践, 2005 (2): 180 - 183.

[50] 刘康兵, 申朴, 刘荣华. 所有制差异、FDI 与技术创新 [J]. 复旦学报, 2011 (3): 97 - 106.

[51] 刘琴. 江苏城市离岸服务外包效率及其影响因素研究 [D]. 镇江: 江苏科技大学, 2013.

[52] 刘晓斌. 关于广州软件业发展的若干思考 [J]. 珠江经济, 2008 (9): 75 - 82.

[53] 刘晓峰. 基于博弈的服务外包供应商选择的信任机制 [J]. 商业研究, 2008 (2): 42 - 43.

[54] 刘昕. 服务外包西安经济发展新引擎 [N]. 国际商报, 2013 - 05 - 28.

[55] 刘修岩, 贺小海, 殷醒民. 市场潜能与地区工资差距: 基于中国地级面板数据的实证研究 [J]. 管理世界, 2007 (9): 48 - 55.

[56] 刘征驰, 赖明勇. 进入权、声誉与服务外包组织治理: 一个非对称信息的不完全契约模型 [J]. 当代经济科学, 2010 (1): 98 - 105.

[57] 卢峰. 当代服务外包的经济学观察: 产品内分工的分析视角 [J]. 经济世界, 2007 (8): 22 - 53.

[58] 卢锋. 我国承接国际服务外包问题研究 [J]. 经济研究, 2007 (9): 49 - 61.

[59] 卢群英. 离岸服务外包的区位选择研究 [D]. 上海: 上海社会科学院, 2011.

[60] 陆鸣. 新一轮焦点服务外包产业宏观篇: 行业透析 [J]. 科技智囊, 2007 (12): 8 - 27.

[61] 陆长扣. 我国服务外包示范城市服务外包竞争力研究 [D]. 无锡：江南大学，2013.

[62] 吕娟，吴成颂. FDI 溢出效应、自主创新能力与地区产业结构调整：长三角城市动态面板数据分析 [J]. 中国石油大学学报（社会科学版），2012 (12)：21 – 25.

[63] 吕延方，赵进文. 中国承接服务外包影响因素分析：基于多国面板数据的实证检验 [J]. 财贸经济，2010 (7)：89 – 97.

[64] 马强文. 西安服务外包发展研究 [D]. 西安：西北大学，2009.

[65] 马卫红，张娟. 我国发展服务外包的制约因素及对策思考 [J]. 对外经贸实务，2007 (12)：56 – 59.

[66] 迈克尔·波特. 国家竞争优势 [J]. 北京：华夏出版社，2000.

[67] 孟妮. 西安服务外包"不愁人" [N]. 国际商报，2012 – 05 – 30.

[68] 裴慎. 服务外包中发包方选择接包方的影响因素分析：基于中国的研究 [J]. 国际经贸探索，2007，10 (23)：12 – 25.

[69] 彭琰. 服务外包产业将年增长百亿 [N]. 深圳商报，2012 – 11 – 15.

[70] 秦菲菲. 服务外包产业规划出炉年均目标增速 40% [N]. 上海证券报，2013 – 01 – 08.

[71] 裘莹. 中国离岸服务外包结构研究 [D]. 长春：东北师范大学，2014.

[72] 任超，蔡茂森. 上海承接软件外包的经济效应研究 [J]. 经济论坛，2011 (5)：100 – 103.

[73] 申朴，刘康兵. 我国服务外包集聚的出口促进效应研究：基于示范城市 ITO 面板数据的 EC2SLS 估计 [J]. 复旦学报，2015 (2)：126 – 134.

[74] 申朴，刘康兵，尹翔硕. 产业集聚对我国服务外包生产率的影响：理论模型与经验证据 [J]. 产业经济研究，2015 (1)：45 – 52.

[75] 申朴，刘康兵. 上海生活性服务发展水平及结构状况：基于投入 – 产出表的国际比较分析 [J]. 世界经济文汇，2013 (1)：41 – 52.

[76] 沈露. 凝智聚力，杭州服务外包续写辉煌 [J]. 国际商报，2013 – 02 – 25.

[77] 沈鹏熠，王昌林. 中国企业承接离岸服务外包竞争力评价体系研究 [J]. 中国科技论坛，2012 (4)：83 – 88.

[78] 史炜. 中国入世各产业开放时间表与对策 [M]. 广州：羊城晚报出版

社，2001.

[79] 苏秦，杨青青. 各国吸引离岸服务外包的有效性研究：基于 DEA 的对比分析 [J]. 国际经贸探索，2010 (8)：40-46.

[80] 苏州市人民政府关于印发苏州市服务外包产业跨越发展计划的通知 [Z]. 苏州市人民政府公报，2009-10-20.

[81] 苏州市人民政府关于印发苏州市服务外包产业新三年跨越发展计划的通知 [Z]. 苏州市人民政府公报，2011-06-20.

[82] 孙静，李媛. 以北京为例浅谈高校服务外包人才培养 [J]. 教育教学论坛，2014：225-226.

[83] 孙俊. 跨国投资与服务贸易比较优势 [J]. 国际贸易问题，2002 (9)：45-53.

[84] 孙文杰. 承接国际外包扩大了中国行业间工资差距吗? [J]. 国际经贸探索，2014 (4)：14-28.

[85] 谭云清，李元旭. 国际服务外包中服务提供商的创新路径研究 [J]. 会计与经济研究（双月刊），2012 (2)：81-90.

[86] 唐志军. 再读大连 [N]. 招商周刊，2007-06-11.

[87] 藤田昌久，克鲁格曼，维纳布尔斯. 空间经济学：城市、区域与国际贸易 [M]. 北京：中国人民大学出版社，2005.

[88] 田剑，刘琴. 苏南城市信息技术外包产业集群发展环境分析 [J]. 电子商务，2013 (4)：16-17.

[89] 童馨乐，杨向阳，陈媛. 中国服务业集聚的经济效应分析 [J]. 产业经济研究，2009 (6)：30-37.

[90] 汪胜洋，王果. 上海市服务外包产业发展的现状与思考 [J]. 全球化，2014 (2)：103-112.

[91] 汪文超. 中国服务外包与服务业 FDI 关系研究 [J]. 现代商贸工业，2008 (7)：1-2.

[92] 王爱虎，钟雨晨. 中国吸引跨国外包的经济环境和政策研究 [J]. 经济研究，2006 (8)：81-92.

[93] 王佃凯. 市场开放对服务贸易竞争力的影响：基于中国服务业市场开放的分析 [J]. 经贸经济，2011 (12)：82-88.

[94] 王根蓓，赵晶，王惠敏. 中国服务外包基地城市竞争力的演化：基于主

成分方法的实证分析 [J]. 经济与管理研究，2011 (1)：71 - 80.

[95] 王庆喜. 新巴塞尔协议可能导致新的风险 [J]. 华东经济管理，2005 (19)：35 - 38.

[96] 王晓红. 全球服务业离岸外包的发展趋势与中国的政策选择 [J]. 宏观经济研究，2007 (6)：14 - 20.

[97] 王晓红. 我国服务外包产业亟待大而强 [N]. 经济日报，2013 - 04 - 23.

[98] 王中华，梁俊伟. 国际服务外包、就业与工薪差距：基于中国工业行业数据的实证分析 [J]. 经济经纬，2012 (1)：72 - 76.

[99] 魏君英. 服务外包产业发展对我国就业的影响研究 [J]. 长江大学学报（社会科学版），2013 (10)：73 - 76.

[100] 吴德群，唐诗洋. 深圳成全球服务外包企业聚集地 [N]. 深圳特区报，2012 - 06 - 28.

[101] 吴国新，高长春. 服务外包理论演进研究综述 [J]. 国际商务研究，2008 (8)：31 - 37.

[102] 吴延兵. 自主研发、技术引进与生产率 [J]. 经济研究，2008 (8)：51 - 64.

[103] 吴燕，苏武江，等. 我国城市服务外包产业竞争力影响因素的空间计量分析 [J]. 贵州财经学院学报，2012 (5)：17 - 24.

[104] 武力超. 服务外包研究综述 [J]. 西安电子科技大学学报（社会科学版），2009 (5)：1 - 11.

[105] 习牧歌. 中关村软件园：聚焦高端，引领发展 [J]. 中关村，2012 (12)：22 - 23.

[106] 小令. 服务外包稳居全国第一方阵 [N]. 苏州日报，2013 - 07 - 06.

[107] 邢学杰. 我国服务外包产业发展研究 [J]. 企业经济，2014 (1)：119 - 122.

[108] 徐畅，李九斤，杨金保，王宁. 中高端服务外包人才培养的制约因素与优化路径 [J]. 商业经济，2014 (9)：67 - 68.

[109] 徐毅，张二震. 外包与生产率：基于工业行业数据的经验研究 [J]. 经济研究，2008 (1)：103 - 113.

[110] 许馨文，崔荐，马卫国. 我国承接服务外包产业政策研究 [J]. 企业经济，2009 (1)：107 - 109.

[111] 薛求知，宋丽丽. 信息技术服务离岸外包区位选择研究 [J]. 亚太经济，2008（1）：7-12.

[112] 杨丹辉. 全球化、服务外包与中国的支持选择 [M]. 北京：经济管理出版社，2010.

[113] 杨丹萍，毛江楠. 产业集聚与对外贸易国际竞争力的相关性研究 [J]. 国际贸易问题，2011（1）：20-28.

[114] 杨蕾. 西安市服务外包产业竞争力分析 [J]. 西部财会，2012（5）：75-79.

[115] 杨圣明. 关于服务外包问题 [J]. 中国社会科学院研究生院学报，2006（11）：23-28.

[116] 杨英. 企业信息技术资源外包及其风险分析 [J]. 中国软科学，2001（3）：31-38.

[117] 姚博，魏玮. 异质性外包的生产率效应 [J]. 产业经济研究，2013（1）：79-88.

[118] 姚战琪. 工业和服务外包对中国工业生产率的影响 [J]. 经济研究，2010（7）：91-102.

[119] 尹翔硕，申朴. 论中印两国要素积累对服务贸易比较优势的影响 [J]. 复旦学报（社会科学版），2005（5）：121-128.

[120] 于珊珊，张平，石世杰. 基于重心模型的服务外包产业与科技创新的地域相关性探析 [J]. 国际商务（对外经济贸易大学学报），2014（2）：110-119.

[121] 余凡，胡赛. 苏州市 IT 服务外包战略布局管理及风险控制研究 [N]. 科技创新导报，2012-07-21.

[122] 原小能，石齐. 服务外包与产业结构升级研讨会综述 [J]. 经济研究，2008（2）：158-160.

[123] 约瑟夫·熊彼特. 经济发展理论 [M]. 北京：商务印书馆，1990.

[124] 詹晓宁，邢后媛. 服务外包：发展趋势与承接战略 [J]. 国际经济合作，2005（4）：11-16.

[125] 张海峰，姚先国. 经济集聚、外部性与劳动生产率：来自浙江省的证据 [J]. 管理世界，2010（12）：45-52.

[126] 张娜，赵馨怡. 高新区打造世界级软件研发基地 [N]. 西安日报，

2013 – 07 – 29.

［127］张钱江，詹国华. 服务外包［M］. 浙江：浙江人民出版社，2010：2 – 20.

［128］张宇卓，殷国鹏. 基于云模型和熵权理论的服务外包示范城市承接优势评估［J］. 系统工程，2013（5）：111 – 116.

［129］张越. 中关村软件园：世界一流专业园梦想［J］. 中关村，2012（5）：30 – 31.

［130］张志强. 聚集经济、企业异质性会提高企业的绩效吗？［J］. 产业经济研究，2014（5）：33 – 43.

［131］章宁. 我国对美离岸服务外包业成熟度与竞争力分析［J］. 管理现代化，2013（4）：25 – 27.

［132］赵晶，王根蓓，王惠敏. 中国服务外包基地城市竞争力对离岸发包方需求决策的影响：基于中国 14 个服务外包基地城市的面板数据分析［J］. 经济理论与经济管理，2011（10）：66 – 74.

［133］赵晶，王根蓓，朱磊. 中国服务外包基地城市竞争优势的实证研究［J］. 经济理论与经济管理，2010（6）：49 – 57.

［134］赵晓娜，朱煜霄. 服务外包产业发展规划发布［N］. 南方日报，2013 – 01 – 08.

［135］赵永亮. 市场获得、边界效应与经济集聚：基于"中心 – 外围"城市经济活动的考察［J］. 中国工业经济，2012（3）：69 – 81.

［136］振兴软件产业行动计划内容概要［J］. 中国创业投资与高科技，2003（2）：41 – 42.

［137］郑瑜，毛肖雯. 服务外包发展战略及宏观环境研究［J］. 中国商界（上半月），2010（12）：86 – 87.

［138］郑志海. 入世与服务业市场开放［M］. 北京：中国对外经济贸易出版社，2002.

［139］周申. 外包对劳动力需求弹性的影响［J］. 中央财经大学学报，2014（3）：106 – 112.

［140］周晓梅，朱晓蓉. 浦东综合交通信息管理系统总体框架设计［J］. 中国交通信息产业，2006（12）：92 – 95.

［141］周正柱. 上海服务外包发展现状及路径研究［J］. 国际商务，2010

（2）：31 – 39.

[142] 朱晓明等. 服务外包：把握现代服务业发展新机遇 [M]. 上海：上海 交通大学出版社，2006.

[143] 朱钟棣，杨宝良. 试论国际分工多重均衡与产业地理集聚 [J]. 世界经 济研究，2003（10）：32 – 37.

外文部分

[1] Abraham K, Taylor S. Firm's Use of outside Contractors：Theory and Evidence [J]. Journal of Labor Economics, 1996, 14：394 – 424.

[2] Agrawal V, Farrell D. Who Wins in Offshoring [J]. McKinsey Quarterly. Special Edition：Global Directions, 2003：37 – 41.

[3] Alaghehband F, Rivard S, Wu S, Goyette S. An Assessment of the Use of Transaction Cost Theory in Information Technology Outso urcing [J]. Journal of Strategic Information Systems, 2011, 20（2）：125 – 138.

[4] Alchain A, Demesetz H. Production, Information Costs and Economic Organization [J]. American Economic Review, 1972, 62（5）：777 – 795.

[5] Amiti M, Wei S. Fear of Service Outsourcing：Is It Justified? [J]. Economic Policy, 2005, 20：308 – 347.

[6] Amiti M, Wei S. Service Offshoring and Productivity：Evidence from the US [J]. The World Economy, 2009, 32：203 – 220.

[7] Ansberry C. Laid Off Factory Workers Find Jobs are Drying up for Good [N]. Wall Street Journal, 2003 – 07 – 21.

[8] Ansberry C. Outsourcing Abroad Draws Debate at Home [N]. Wall Street Journal, 2003 – 07 – 14.

[9] Antras P, Helpman E. Contractual Frictions and Global Sourcing [M]// Helpman E, Marin D, Verdier T. The Organization of Firms in a Global Economy. Cambridge, MA：Harvard University Press, 2008.

[10] Antràs P. Incomplete Contracts and the Product Cycle [J]. American Economic Review, 2005, 95（4）：1054 – 1073.

[11] Antras P. Property Rights and the International Organization of Production [J]. American Economic Review, 2005, 95（2）：25 – 32.

［12］ Anwar S. Outsourcing and the Skilled-Unskilled Wage Gap ［J］. Economic Letters, 2013, 118: 347 – 350.

［13］ Anwar S, Sun S, Valadkhani A. International Outsourcing of Skill Intensive Tasks and Wage Inequality ［J］. Economic Modelling, 2013, 31: 590 – 597.

［14］ Auben B, Rivarda S. A Transaction Cost Model of IT Outsourcing ［J］. Information & Management, 2004 (7): 921 – 932.

［15］ Baltagi B H. A Hausman Test Based on the Difference between FE2SLS and EC2SLS ［J］. Econometric Theory, 2004, 20: 223 – 224.

［16］ Hausman J. Specification Tests in Econometrics ［J］. Econometrica, 1978, 46: 1251 – 1271.

［17］ Baltaci B H. Econometric Analysis of Panel Data ［M］. Chichester: John Wiley & Sons, 2008.

［18］ Benoit A, Aubert S, Michael P. Transaction Cost Approach to Outsourcing Behavior: Some Empirical Evidence ［J］. Information and Management, 1996, 30: 50 – 61.

［19］ Bhagwati J, Panagariya A, Srinivasan T. The Muddles over Outsourcing ［J］. Journal of Economic Perspectives, 2004, 18 (4): 93 – 114.

［20］ Branstetter L. Are Knowledge Spillovers International or Intranational in Scope? ［J］. Journal of International Economics, 2001, 53 (1): 53 – 79.

［21］ Brulhart M, Mathys A. Sectorial Agglomeration Economics in a Panel of European Regions ［J］. Regional Science and Urban Economics, 2008, 38 (4): 348 – 362.

［22］ Brülhart M, Mathys N. Sectoral Agglomeration Economies in a Panel of European Regions ［J］. Regional Science and Urban Economics, 2008 (38): 348 – 362.

［23］ Carmel E, Nicholson B. Small Firms and Offshore Software Outsourcing: High Transaction Costs and Their Mitigation ［J］. Journal of Global Information Management, 2005, 13 (3): 33 – 54.

［24］ Chakrabarti A, Mitra R. Skilled-Unskilled Wage Inequality and Offshore

Outsourcing with Asymmetric Adjustment Costs [J]. International Review of Economics and Finance, 2010, 19: 340 – 345.

[25] Chongvilaivan A, Thangavelu S. Does Outsourcing Provision Lead to Wage Inequality? New Evidence from Thailand's Establishment-level Data [J]. Review of International Economics, 2012, 20 (2): 364 – 376.

[26] Chowdhury S. Technology and Outsourcing: An Explanation to the Rising Wage Gap [J]. Economic Modelling, 2010, 27: 380 – 387.

[27] Ciccone A, Hall R. Productivity and the Density of Economic Activity [J]. American Economic Review, 1996, 86: 54 – 70.

[28] Ciccone A. Agglomeration Effects in Europe [J]. European Economic Review, 2002, 46: 213 – 227.

[29] Coase R. The Nature of the Firm [J]. Economica, 1937 (4): 386 – 405.

[30] Corsetti G, Martin P, Pesenti P. Productivity, Terms of Trade and the "Home Market Effect" [J]. Journal of International Economics, 2007, 73 (1): 99 – 127.

[31] Costa C. Information Technology Outsourcing in Australia: a Literature Review [J]. Information Management and Computer Security, 2001 (5): 213 – 224.

[32] Davis D. The Home Market, Trade, and Industrial Structure [J]. American Economic Review, 1998, 88 (5): 1264 – 1276.

[33] Diromualdo A, Gurbaxani V. Strategic Internet for It Outsourcing [J]. Sloan Management Review, 1988, 39 (4): 67 – 80.

[34] Dossani R. Globalization and the Offshoring of Services: The Case of India [M]. Brookings Institution Press, 2005.

[35] Egger H, Egger P. International Outsourcing and the Productivity of Low-Skilled Labor in the EU [J]. Economic Inquiry, 2006, 44 (10): 8.

[36] Ellison G, Glaeser E. Geographic Concentration in U. S. Manufacturing Industries [J]. Journal of Political Economy, 1997, 105 (5): 889 – 927.

[37] Farrell D. Offshoring: Value Creation through Economic Change [J]. Journal of Management Studies, 2005 (5): 676 – 683.

[38] Feenstra R, Hanson G. Ownership and Control in Outsourcing to China:

Estimating the Property-Rights Theory of the Firm ［R］. NBER Working Papers 10198, 2004.

［39］ Feenstra R, Spencer B. Contractual Versus Generic Outsourcing: The Role of Proximity ［R］. NBER Working Papers 11885, 2005.

［40］ Filip R, Jozef K. Vendor Selection and Evaluation: an Activity Based Costing Approach ［J］. European Journal of Operational Research, 1996, 96: 97 – 102.

［41］ Fogarty M, Garofalo G. Urban Spatial Structure and Productivity Growth in the Manufacturing Sector of Cities ［J］. Journal of Urban Economics, 1988, 23: 60 – 70.

［42］ Görg H, Hanley A. International outsourcing and productivity: evidence from the Irish electronics industry ［J］. North American Journal of Economics & Finance, 2005, 16 (2): 255 – 269.

［43］ Görg H, Hanley A, Strobl E. Productivity Effects of International Outsourcing: Evidence from Plant-level Data ［J］. Canadian Journal of Economics, 2008, 41: 670 – 688.

［44］ Griliches Z, Hausman J A. Errors in Variables in Panel Data ［J］. Journal of Econometrics, 1986, 31 (1): 93 – 118.

［45］ Grossman S, Hart O. The Costs and Benefits of Ownership: A Theory of Vertical and Lateral Integration ［J］. Journal of Political Economy, 1986, 94 (4): 691 – 719.

［46］ Grossman G, Helpman E. Integration versus Outsourcing in Industry Equilibrium ［J］. Quarterly Journal of Economics, 2002, 117 (1): 85 – 120.

［47］ Grossman G, Helpman E. Outsourcing in a Global Economy ［J］. Review of Economic Studies, 2005, 72: 135 – 159.

［48］ Grossman G, Helpman E, Szeidl A. Optimal Integration Strategies for the Multinational Firm ［J］. Journal of International Economics, 2006, 70: 216 – 238.

［49］ Hanson H. Market Potential, Increasing Return and Geographic Concentration ［J］. Journal of International Economics, 2005, 65 (1): 1 – 24.

［50］ Harris C. The Market as a Factor in the Location of Industry in the United

States［J］. Annals of the Association of American Geographers, 1954, 44 (4): 315 – 348.

［51］ Head K, Mayer T. Regional Wage and Employment Responses to Market Potential in the EU［J］. Regional Science and Urban Economics, 2006, 36 (5): 573 – 594.

［52］ Head K, Mayer T. Gravity, Market Potential, and Economic Development ［J］. Journal of Economic Geography, 2011, 11 (2): 281 – 294.

［53］ Helper S. Strategy and Irreversibility in Supplier Relations: The Case of the U. S. Automobile Industry［J］. Business History Review, 1991, 65: 781 – 824.

［54］ Henderson V. Marshall's Economies ［J］. Journal of Urban Economics, 2003, 53 (1): 1 – 28.

［55］ Hering L, Poncet S. Market Access Impact on Individual Wages ［J］. Review of Economics and Statistics, 2010, 92 (1): 145 – 159.

［56］ Hirschman A. The Strategy of Economic Development ［M］. New Haven: Yale University Press, 1958.

［57］ IMD. The World Competitive Yearbook ［R］. 1996 – 2005.

［58］ Irwin D, Klenow P. Learning Spillovers in the Semi-Conductor Industry ［J］. Journal Political Economy, 1994, 102 (6): 1200 – 1227.

［59］ Ito B, Tomiura E, Wakasugi R. Offshore Outsourcing and Productivity ［J］. Review of International Economics, 2011, 19 (3): 555 – 567.

［60］ ITU. Measuring the Information Society ［EB/OL］. https://www. itu. int/ITU – D/ict/publications/idi/index. html.

［61］ Jaffe A, Trajtenberg M, Henderson R. Geographic Localization of Knowledge Spillovers as Evidenced by Patent Citations ［J］. Quarterly Journal Economics, 1993, 108 (3): 577 – 598.

［62］ Karpak B, Kumcu E, Kasuganti R. An Application of Visual Interactive Goal Programming: A Case in Vendor Selection Decisions ［J］. Journal of Multi-Criteria Decision Analysis, 1999 (8): 93 – 105.

［63］ Keller W. International Technology Diffusion ［J］. Journal of Economic Literature, 2004, 42 (3): 752 – 782.

[64] Kiso T. Does New Economic Geography Explain the Spatial Distribution of Wages in Japan? [Z]. Mimeo, University of Tokyo, 2005.

[65] Kite G. The Impact of Information Technology Outsourcing on Productivity and Output: New Evidence from India [J]. Procedia Economics and Finance, 2012 (1): 239 – 248.

[66] Krugman P. Increasing Returns and Economic Geography [J]. Journal of Political Economy, 1991, 99: 483 – 499.

[67] Krugman P. Geography and Trade [M]. Cambridge MA: MIT Press, 1991.

[68] Boardman L, Berger P, Zeng A, Gerstenfeld A. Where to Outsource Selecting an Offshore Outsourcing Location [R]. Boston University School of Management, Working Paper, 2006.

[69] Lacity M, Hirschhei R, Willcocks L. Realizing Outsourcing Expectations Incredible Expectations, Credible Outcomes [J]. Information Systems Management, 1994 (11): 7 – 18.

[70] Lacity M, Willcocks L, Khan S. Beyond Transaction Cost Economics: Towards an Endogenous Theory of Information Technology Outsourcing [J]. Journal of Strategic Information Systems, 2011, 20 (2): 139 – 157.

[71] Lawrence L, Venkatraman N. Determinants of Information Technology Outsourcing: a Cross-Sectional Analysis [J]. Journal of Management Information Systems, 1992 (9): 7 – 24.

[72] Lin S, Ma A. Outsourcing and Productivity: Evidence from Korean Data [J]. Journal of Asian Economics, 2012, 23: 39 – 49.

[73] Liu D, Meissner C. Market Potential and the Rise of US Productivity Leadership [J]. Journal of International Economics, 2015, 96 (1): 72 – 87.

[74] Mann C L. Globalization of IT Services and White Collar Jobs: The Next Wave of Productivity Growth [J]. International Economics Policy Briefs, 2003 (11): 10 – 13.

[75] Marshall A. Principles of Economics [M]. London: MacMillan, 1890.

[76] Mcivor R. Practical Framework for Understanding the Outsourcing Process [J]. Supply Chain Management, 2000 (5): 22 – 36.

[77] McLaren J. Globalization and Vertical Structure [J]. American Economic

Review, 2000, 90: 1239 – 1265.

[78] Myrdal G. Economic Theory and Underdeveloped Regions [M]. London: Duckworth, 1957.

[79] Westernhagen N. Openness of Foreign Trade and Economic Developments in CIS and More Advanced CEECs [J]. Systemic Transformation, Trade and Economic Growth, 2002: 109 – 187.

[80] Porter M. Competitive Advantage of Nations [M]. Cambridge MA: MIT Press, 1990.

[81] Hye Q M A. Long Term Effect of Trade Openness on Economic Growth in Case of Pakistan [J]. Quality & Quantity, 2012 (46): 1137 – 1149.

[82] Qiu L, Spencer B. Keiretsu and Relationship-Specific Investment: Implications for Market-Opening Trade Policy [J]. Journal of International Economics, 2002, 58 (1): 49 – 79.

[83] Qu Z, Brocklehurst M. What Will It Take for China to Become A Competitive Force in Offshore Outsourcing? An Analysis of the Role of Transaction Costs in Supplier Selection [J]. Journal of Information Technology, 2003, 18: 53 – 57.

[84] Ricci L A. Economic Geography and Comparative Advantage: Agglomeration versus Specialization [J]. European Economic Review, 1999, 43: 357 – 377.

[85] Scott A J. New Industrial Spaces: Flexible Production Organization and Regional Development in North American and Western Europe [M]. London: Pion, 1988.

[86] Spencer B, Qiu L. Keiretsu and Relationship-Specific Investment: A Barrier to Trade? [J]. International Economic Review, 2001, 42 (4): 871 – 901.

[87] Swamy P, Arora S. The Exact Finite Sample Properties of the Estimators of Coefficients in the Error Components Regression Model [J]. Econometrica, 1972, 40: 261 – 275.

[88] Swenson D. Overseas Assembly and Country Sourcing Choice [J]. Journal of International Economics, 2005, 66: 107 – 130.

［89］ Tadelis S, Bajari P. Incentives versus Transaction Costs：A Theory of Pro-curement Contracts ［J］. Rand Journal of Economics, 2001, 32 （3）：387 – 407.

［90］ Tadelis S. What's in a Name? Reputation as a Tradable Asset ［J］. Ameri-can Economic Review, 1999, 89 （3）：548 – 563.

［91］ Vambakidishow A. How Robust is the Growth-Openness Connection? Histor-ical Evidence ［J］. Journal of Economic Growth, 2002：57 – 58.

［92］ Venables A. Equilibrium Locations of Vertically Linked Industries ［J］. In-ternational Economic Review, 1996, 37 （2）：341 – 359.

［93］ Venables A J. Economic Geography and African Development ［J］. Papers in Regional Science, 2010, 89 （3）：469 – 483.

［94］ Von Thünen J H, Waentig H. Der Isolierte Staat in Beziehung auf Land-wirtschaft und National Ökonomie ［M］. Forgotten Books, 1966.

［95］ Weber C, Current J, Desai A. Non-cooperative Negotiation Strategies for Vendor Selection ［J］. European Journal of Operational Research, 1998, 108：208 – 223.

［96］ WEF. Global Competitiveness Report ［R］. 1996 – 2005.

［97］ Williamson O. Transaction-Cost Economics：The Governance of Contractual Relations ［J］. Journal of Law and Economics, 1975, 22：230 – 256.

［98］ Yang Y. Market Potential, Industrial Density and Revenue of Tourism Firms in China ［J］. Tourism Economics, 2014, 20 （6）：1253 – 1275.

［99］ Yeats A. Just How Big is Global Production Sharing? ［M］//Arndt S, Hen-ryk K. Fragmentation：New Production Patterns in the World Economy. Ox-ford University Press, 2001.

［100］ Zhang J, Von Witteloostuijn A. Economic Openness and Trade Linkages of China：An Empirical Study of the Determinants of Chinese Trade Intensities from 1993 to 1999 ［J］. Review of World Economics, 2004：254 – 281.

［101］ Zhu Z, Wang D. Foreign Direct Investment and China's Service Economy ［J］. Management and Service Science, 2011：1 – 4.

后　记

　　真诚感谢本研究团队的共同努力：申朴撰写了第 1 章、第 2 章和第 6 章；王靖余及申朴撰写了第 3 章；第 4 章由刘康兵、申朴、尹翔硕、陆立惠合作完成；第 5 章由申朴、刘康兵合作完成；全书由申朴修订。

　　在此，真诚感谢华东理工大学商学院创造的良好人文及科研环境，本研究的开展及出版和学院积极的科研鼓励是分不开的。唯著者才疏学浅，书中谬误恳请学者及读者指正，定当虚心改进。

申　朴　刘康兵

2019 年 7 月